LAURA CASADO

Cuídate, eres OBRA DE ARTE

EL OBJETIVO:
CREAR LA MEJOR VERSIÓN DE TI MISMO A TRAVÉS DEL CONOCIMIENTO, APRENDER A CUIDAR TU CUERPO EMOCIONAL, ENERGÉTICO Y FÍSICO PARA TENER UNA VIDA ALEGRE, ENERGÉTICA Y VITAL

TE REGALO ESTE LIBRO: _____

PORQUE TU VIDA ME IMPORTA Y DESEO QUE SEAS MUY FELIZ.

FIRMADO: _____

LAURA CASADO

Cuídate, eres OBRA DE ARTE

CREA la MEJOR VERSIÓN de ti mismo

Nota a los lectores: Esta publicación contiene las opiniones e ideas de su autor. Su intención es ofrecer material útil e informativo sobre el tema tratado. Las estrategias señaladas en este libro pueden no ser apropiadas para todos los individuos y no se garantiza que produzca ningún resultado en particular. Este libro se vende bajo el supuesto de que ni el autor, ni el editor, ni la imprenta se dedican a prestar asesoría o servicios profesionales legales, financieros, de contaduría, psicología u otros. El lector deberá consultar a un profesional capacitado antes de adoptar las sugerencias de este, la integridad de la información o referencias incluidas aquí. Tanto el autor, como el editor, la imprenta y todas las partes implicadas en el diseño de portada y distribución, niegan específicamente cualquier responsabilidad por obligaciones, pérdidas o riesgos, personales o de otro tipo, en que se incurra como consecuencia, directa o indirecta, del uso y aplicación de cualquier contenido del libro.

Este libro no podrá ser reproducido, ni total ni parcialmente, sin previo permiso escrito del autor. Todos los derechos reservados.

Título: *CUÍDATE, ERES OBRA DE ARTE*
© 2019, Laura Casado

Autoedición y Diseño: 2019, Laura Casado

Primera edición: octubre de 2019
ISBN-13: 978-84-18098-32-1
Depósito legal: TF 1041-2019

La publicación de esta obra puede estar sujeta a futuras correcciones y ampliaciones por parte del autor, así como son de su responsabilidad las opiniones que en ella se exponen.

Quedan prohibidas, dentro de los límites establecidos por la ley y bajo las prevenciones legalmente previstas, la reproducción total o parcial de esta obra por cualquier medio o procedimiento, ya sea electrónico o mecánico, el tratamiento informático, el alquiler o cualquier forma de cesión de la obra sin autorización escrita de los titulares de copyright.

ÍNDICE

PARA TI, AMADO LECTOR: 11
MI HISTORIA. 12

PRIMERA PARTE: CONÓCETE MEJOR 15
   1. HÁBITOS COMUNES. 17
   2. NO PARA DE SONAR LA ALARMA 21
   3. ¿DÓNDE ESTÁ TU ENERGÍA?. 25
   4. NO TE CAE BIEN TU ESPEJO 29
   5. IRRITABLE O SENSIBLE 33
   6. TODO SE TE HACE UN MUNDO. 37
   7. IDENTIFICANDO HÁBITOS 41
   8. CALENTANDO MOTORES. 45

SEGUNDA PARTE: APRENDE A CUIDARTE 49
   9. DESCUBRIENDO TU INTERIOR 51
  10. CREA TU NUEVO HORARIO 55
  11. NUEVAS REGLAS 59
  12. ELEVANDO ENERGÍA 63
  13. TERAPIA EFECTIVA. 69
  14. TOMANDO CONCIENCIA 73
  15. QUÉ INCREÍBLE SISTEMA. 77
  16. ESCUCHA A TU CUERPO 81
  17. EL PODER DE TU MENTE 85
  18. COMO LOS GATOS. 89
  19. ¿ESTÁS SIMPÁTICO O PARASIMPÁTICO?. 93
  20. HACES LAS PACES. 99
  21. LIMPIANDO FILTROS 103
  22. ELIGES TU COMBUSTIBLE. 111
  23. ME OCUPO 119

24. TRATO HECHO 123
25. AMPLIANDO CONOCIMIENTOS 127
26. PARA LOS DÍAS DE BAJÓN 131
27. OBJETIVO CLARO 135
28. EL QUE SIGUE LA CONSIGUE 137
29. TE ENCANTA LO QUE VES 141

TERCERA PARTE: REALÍZATE EN TU MEJOR VERSIÓN .. 145
30. A TODO GAS 147
31. SIN PRISA PERO SIN PAUSA 151
32. DISFRUTANDO SE VIVE MEJOR 155
33. QUÉ PASADA DE VIDA 159
34. GRACIAS 163
35. LO ESTÁS LOGRANDO 167
36. TE SIENTES FELIZ 171
37. TODO HA CAMBIADO 175
38. AYUDAR SIENTA BIEN 179
39. TIENES UN CAMINO CLARO 183
40. DE COLOR 189
41. ERES VELOZ 197
42. QUÉ DIVERTIDO 201
43. AMANDO CADA CÉLULA 203
44. TIENES EL CONTROL 209
45. ¿YA DESPERTASTE? 211
46. EMOCIONANTE 215
47. BOMBONAZO 219
48. SIN FRENOS 223
49. ELIGES LA LUZ 227
50. VIVIENDO A TU MANERA 231

AGRADECIMIENTOS 237
LAÍN GARCÍA CALVO 239

"Cuando realmente amas y agradeces la bella obra de arte que eres, cuidarte se vuelve muy placentero, entiendes que es tu responsabilidad cuidar muy bien del vehículo de transporte que tienes, pues es el que te permite vivir esta experiencia única llamada vida".

Laura Casado

PARA TI, AMADO LECTOR:

Es un libro muy sanador y práctico, escrito con la intención más verdadera de ayudarte y guiarte para que puedas vivir en tu mejor versión.

Que puedas visualizar de manera fácil las áreas más importantes a trabajar, para ser una persona superenergética, vital, llena de alegría y entusiasmo por la vida.

En el primer libro de la saga, **Ámate, eres único y especial**, era primordial que aprendieras a amarte y darte el valor que mereces. Que despertaras a la verdad de quién eres.

Una vez que eres consciente de tu valía, quiero ayudarte con este libro a mejorar todos los hábitos que te hayan podido llevar a vivir falto de ilusión, con agotamiento y apatía.

Mi objetivo es que detectes qué estás haciendo mal para ti mismo y lo corrijas, que aprendas a elevar tu energía, a ser saludable, te sientas orgulloso de ti y vivas plenamente.

Es fascinante conocer tu cuerpo y tu mente, poderlo ayudar con buenos hábitos diarios y despertarte cada día con una energía arrolladora que te permita conseguir tus sueños.

Créelo, es posible, empecemos, estoy deseando….

MI HISTORIA

Soy Laura Casado, una lectora y escritora voraz desde muy temprana edad, apasionada de la vida y con una decisión muy clara… ser feliz.

Estudié y me preparé durante muchos años en el sector de la belleza y el cuidado personal, tenía clara mi vocación desde pequeña, y era compartir conocimientos y estar en contacto con los demás, haciendo el trabajo que más amo.

Gracias a mi profesión como formadora en estética, he podido compartir, experimentar y aprender de personas de muchas culturas, países, y enriquecerme de todas ellas.

Siempre me gustó la psicología humana, leer y estudiar libros que me revelaran el porqué de cosas que no entendía o no me podían explicar de manera lógica, con una necesidad enorme por aprender y crecer interiormente.

Muchos fueron los autores, mentores, libros que fueron llegando hacia mí y de los que me he nutrido a lo largo de los años, sobre temas muy diversos, pero todos enfocados al crecimiento y a la evolución del ser humano en todos sus ámbitos.

Pero, sin duda, lo que más me ha hecho valorar la vida y aprender han sido mis desafíos, mis errores, las faltas de amor hacia mí misma, todas las situaciones menos buenas que he vivido han sido mis grandes aprendizajes y los impulsores de mi búsqueda hacia la felicidad.

Mi intención es mostrarte el gran potencial que tienes, enseñarte técnicas y hábitos saludables que te permitan cuidarte correctamente y te impulsen a vivir en tu mejor versión.

Es necesario que, durante la lectura de este libro, te permitas meditar la información que te aporto, aunque sean conceptos nuevos o raros para ti. Son técnicas comprobadas en bastantes personas de mi alrededor, en mi trabajo diario y en mí misma, que han dado resultados increíbles.

Espero que, bajo tu criterio, consigas absorber la información que sea más valiosa para ti.

Con el mayor deseo de que te sea útil, empecemos…

PRIMERA PARTE:

CONÓCETE MEJOR

1.

HÁBITOS COMUNES

"Mucho antes de nacer, el niño, en su forma de alma preexistente, es tomado a cargo por todo un linaje de antepasados, hasta la placenta, la madre primordial que ha empezado a informarlo".

Alassane Ndaw

¿Te has parado a reflexionar por qué actúas de una determinada forma o de otra?

¿Por qué hay cosas que entiendes como buenas o malas?

¿Por qué vives como vives?

Empecemos desde el principio de todo, desde tu principio materializado.

Desde el vientre materno ya se te empezó a instruir con unas creencias. Al nacer, empezaron a enseñarte tus primeros hábitos como humano, para el correcto funcionamiento de tu sistema.

Dependiendo de dónde nacieras y lo que entendieran como bueno para ti, fueron alimentándote, aseándote, marcándote una conducta en las horas de sueño y descanso, e indicándote la forma correcta de proceder.

Claro está que desde el sentimiento de cuidarte y protegerte, pensando que lo que hacían era lo mejor para ti, bajo los mismos valores y enseñanzas que habían recibido.

Empezaste a observar cómo hablaban, se movían y se dirigían hacia ti. Según lo hacían, tú imitabas.

Descubriste tus sentidos, te asombrabas de los colores u olores que podías ver u oler, y te resultaban superinteresantes los ruidos. Te empezaron a indicar qué era bueno y qué era malo, según su percepción.

Tu capacidad de aprendizaje y evolución hizo que, en un corto plazo de tiempo, empezaras a modelar lo que veías en los que estaban a tu alrededor, y comenzaste a repetir palabras que te sonaban bien.

Así todo continuo hasta tu edad actual, siguiendo unos hábitos marcados y establecidos por las personas más cercanas a ti.

Por ejemplo, si la buena alimentación no era una prioridad en tu casa o te consentían una alimentación desequilibrada, esto formó parte de tus hábitos, tomándolos de forma natural como correctos; si, por el contrario, fueron estrictos con este tema y te educaron enseñándote qué alimentos eran sanos para ti y cuáles perjudiciales, estos serían los que entenderías como correctos y los que en la actualidad intentarás mantener.

Con las formas de comunicarte con los demás pasa igual, si te trataban con afecto, te hablaban con tonalidad relajada y dulce, aprendiste que era lo correcto y así mismo actuarás en edad adulta; o si, por el contrario, la comunicación fue dura y seca, será la tendencia más habitual que tengas en la actualidad.

Claro está que tu aprendizaje desde la niñez juega un papel muy importante, aunque en edad adul-

ta empieces a decidir por ti mismo y bajo unos gustos determinados marcados por tu carácter, siempre prevalecerán las creencias que, sin darte cuenta, están instauradas en tu subconsciente y determinan tus hábitos diarios, a no ser que las localices e intentes cambiarlas.

Es importante que empieces por tomar conciencia sobre ellas y las detectes, porque son las que te han llevado a tu situación actual.

En primer lugar reflexiones, con la capacidad que ahora tienes para pensar y seguir tu sentido común, si las acciones que realizas diariamente son del todo correctas o no, y te llevan a un buen destino o, por el contrario, te alejan de él.

Si te encuentras falto de energía, tu salud no está como te gustaría, no te sientes feliz con tu aspecto o forma de proceder... evidentemente pasa algo que hay que solucionar y cuanto antes mejor.

¿De qué te sirve estar perdiendo tu tiempo ni un solo minuto más estando en un estado que no te hace feliz?

Pues bien, vayamos a identificarlo...

Desde tu nacimiento adquieres unos hábitos determinados e identificas lo bueno y malo según las creencias de las personas que te rodean.

Estás creado para aprender y evolucionar. Cuando te haces consciente de la verdad y encuentras contradicciones entre lo que haces y lo que sientes, es el momento de cambiar hábitos que posiblemente sean erróneos.

No pierdas ni un segundo y ve a por ello, realízate como la obra de arte que eres.

Laura Casado

2.

NO PARA DE SONAR LA ALARMA

"La energía y vitalidad son el estado natural del ser humano, todo lo demás es una distorsión mental".

Lain García Calvo

Cada mañana, al despertarte con el sonido de tu alarma, el primer pensamiento que te llega es:

"¡Nooo, quiero dormir más, puñetera alarma!", te das media vuelta y dices "Cinco minutos más".

Mi querido lector, si esto te parece lo normal y lo más común, te diré que normal no es, pero común sí.

Normal no es, solo podría serlo si la vida fuera una carga pesada y dura de llevar. En este caso, si tu pensamiento es este, te tienes que trabajar a fondo tus creencias sobre la vida y hacerte consciente de la verdad... la vida es una gran oportunidad, además, te la dan con un tiempo limitado, es un regalo precioso, con una cantidad de cosas espectaculares por hacer o vivir.

Todo depende de cómo te hayan enseñado a verla, pero ahora ya eso no importa, porque la responsabilidad y el poder de cambiar el foco al lado correcto son tuyos.

Es el momento de dejar atrás esas falsas creencias, de dejarte contagiar por tu entorno más cercano, y hacerte conocedor de la verdad más grande que hay:

LA VIDA ES UN REGALO MARAVILLOSO.

Ahora, tu sistema de creencias querrá discutir lo que te acabo de decir, si no concuerda con lo que tú tienes entendido y aceptado como válido, y necesitará reafirmarse en que el mundo es hostil, malo y todo eso...

Tu mente te llevará a pensar en lugares del mundo donde ocurren desastres, a países en guerra y a todo lo malísimo que ves en las noticias cada día.

Y sí, esto existe, el mal habita entre nosotros, pero también el bien, lo que pasa es que de este pocos hablan, vende mucho más dar malas noticias.

Esto ocurre porque a la mayoría le supone más gratificación ver que los demás también están mal, así sus problemas son aceptados como no tan malos o duros y se conforma con ellos como parte correcta de la vida. En todos estos casos, el que crece y se refuerza es su ego, no su parte más auténtica.

A una gran mayoría aún le cuesta alegrarse de las cosas buenas del mundo, porque lo ve de forma errónea, le es doloroso pensar que otros están mejor que ellos. Esto es un total error y fatídico enfoque de las cosas.

Es totalmente al contrario, piensa que, cuando ocurren cosas buenas a los demás, te está indicando que es posible estar bien, que puedes vivir en paz rodeándote de personas buenas, te da esperanza y fe en que se puede ser feliz y mucho.

En el caso de que aún te cueste focalizar la vida desde su aspecto más positivo, ¿qué necesitas?

Cambiar viejas formas de pensar y adquirir nuevas mucho más constructivas y positivas para ti mismo.

2.

NO PARA DE SONAR LA ALARMA

"La energía y vitalidad son el estado natural del ser humano, todo lo demás es una distorsión mental".

Lain García Calvo

Cada mañana, al despertarte con el sonido de tu alarma, el primer pensamiento que te llega es:

"¡Nooo, quiero dormir más, puñetera alarma!", te das media vuelta y dices "Cinco minutos más".

Mi querido lector, si esto te parece lo normal y lo más común, te diré que normal no es, pero común sí.

Normal no es, solo podría serlo si la vida fuera una carga pesada y dura de llevar. En este caso, si tu pensamiento es este, te tienes que trabajar a fondo tus creencias sobre la vida y hacerte consciente de la verdad... la vida es una gran oportunidad, además, te la dan con un tiempo limitado, es un regalo precioso, con una cantidad de cosas espectaculares por hacer o vivir.

Todo depende de cómo te hayan enseñado a verla, pero ahora ya eso no importa, porque la responsabilidad y el poder de cambiar el foco al lado correcto son tuyos.

Es el momento de dejar atrás esas falsas creencias, de dejarte contagiar por tu entorno más cercano, y hacerte conocedor de la verdad más grande que hay:

LA VIDA ES UN REGALO MARAVILLOSO.

Ahora, tu sistema de creencias querrá discutir lo que te acabo de decir, si no concuerda con lo que tú tienes entendido y aceptado como válido, y necesitará reafirmarse en que el mundo es hostil, malo y todo eso...

Tu mente te llevará a pensar en lugares del mundo donde ocurren desastres, a países en guerra y a todo lo malísimo que ves en las noticias cada día.

Y sí, esto existe, el mal habita entre nosotros, pero también el bien, lo que pasa es que de este pocos hablan, vende mucho más dar malas noticias.

Esto ocurre porque a la mayoría le supone más gratificación ver que los demás también están mal, así sus problemas son aceptados como no tan malos o duros y se conforma con ellos como parte correcta de la vida. En todos estos casos, el que crece y se refuerza es su ego, no su parte más auténtica.

A una gran mayoría aún le cuesta alegrarse de las cosas buenas del mundo, porque lo ve de forma errónea, le es doloroso pensar que otros están mejor que ellos. Esto es un total error y fatídico enfoque de las cosas.

Es totalmente al contrario, piensa que, cuando ocurren cosas buenas a los demás, te está indicando que es posible estar bien, que puedes vivir en paz rodeándote de personas buenas, te da esperanza y fe en que se puede ser feliz y mucho.

En el caso de que aún te cueste focalizar la vida desde su aspecto más positivo, ¿qué necesitas?

Cambiar viejas formas de pensar y adquirir nuevas mucho más constructivas y positivas para ti mismo.

A partir de ahora tendrás que trabajar principalmente en tu forma de ver la vida, mantener una decisión clara de ser feliz y levantarte cada día con un primer pensamiento:

"**¡Genial, es de día, mil gracias por una nueva oportunidad para disfrutar, realizarme y ser feliz!**".

Tienes que dirigir tus pensamientos al lado bueno de la vida, verla con el mayor agradecimiento.

Saber que es un regalo el despertar cada día, que tienes una nueva oportunidad de ser y hacer.

Laura Casado

3.

¿DÓNDE ESTÁ TU ENERGÍA?

"La vida más bella no es la que más te permite tener, sino aquella que más te permite ser".

Anxo Pérez

Vives bañado por una energía universal que te envuelve, igual que cualquier electrodoméstico para poder hacer su servicio se ha de conectar a la energía eléctrica, tú tienes una fuente energética que te conecta y te mantiene activo.

Hay muchos estudios que se centran en este tema, muchas terapias que se apoyan en estos conocimientos, con la finalidad de ayudarte a mantener tu cuerpo energético óptimo.

Tienes un cuerpo físico que, entendido desde la física cuántica, es una condensación de energía, con una onda vibratoria más baja que hace que te materialices.

Alrededor de tu cuerpo físico visible existe otro invisible, energético, que hoy en día es medible y se visualiza por diferentes sistemas.

Todo esto está operado por tu mente, que tiene una capacidad y potencia creadora bestial.

Para trabajar necesita alimentarse de nutrientes a nivel físico, que le aporten energía interna.

Esta energía interna que creas para que tu mente, tus músculos y células funcionen, se llama ATP.

El ATP es creado en tus mitocondrias, estas son las fábricas de energía de tus células.

Necesitan materia prima diversa para poder fabricarla, y esta materia la extraen de los alimentos que ingieres:

- Aminoácidos.
- Glucosa.
- Ácidos grasos.

Te darás cuenta de que tu alimentación tiene muchísimo que ver con la calidad y cantidad de energía interior que produzcas.

Por sentido común, si tú le das a tu cuerpo unos buenos nutrientes, este te fabricará un buen combustible, en caso contrario, le dificultará mantener el vehículo en marcha.

¿Entiendes la necesidad fundamental de saber y aprender a comer y nutrirte correctamente?

Es de locos pensar que comiendo porquerías industriales, cargadas de ingredientes que no contienen ningún aporte nutricional, tu sistema físico funcione correctamente y, por tanto, tu energía y vitalidad sean abundantes.

Pues ahora que ya sabes de dónde procede tu energía, te toca fabricarla correctamente.

Pero sigamos, hay mucho más que puede influir....

Tu energía depende principalmente de la fuente universal a la que estás conectado y de la fabricación interior de energía celular.

Esta última depende de la calidad de nutrientes que ingieras diariamente, por esto se vuelve fundamental para mantener niveles altos de energía y vitalidad nutrirte correctamente.

LAURA CASADO

4.

NO TE CAE BIEN TU ESPEJO

"La belleza eclipsa a la luna y llena de vergüenza a las flores".
Wang Shifu

¿Cómo te sientes?

¿Te resulta agradable mirarte al espejo, te dices cosas bonitas cuando te ves reflejado?

El reflejo de lo que estás viendo no depende de la realidad, depende de los mensajes que estés mandándote cuando te miras.

Si te amas realmente, al mirarte verás una bella obra de arte y, como un buen escultor que eres, tratarás de esculpirte a tu gusto, pero siempre sin dejar de reconocer la belleza que ya posees.

Si, por el contrario, hace tiempo que dejaste de mirarte y decidiste que no te caían bien los espejos, es un indicativo de que tienes que trabajarte algo fundamental: el amor por ti mismo.

Es fundamental que seas consciente de que eres bello y perfecto con tus imperfecciones.

No tengas miedo en afrontar la verdad, esta te liberará.

Si te miras y ves cosas que te gustaría esculpir en ti de forma distinta, eso está bien, no pasa nada, es lícito y muy correcto. Ponte manos a la obra y hazte las preguntas correctas:

¿Cómo puedo hacer para moldear esta cosita o la otra?

¿Qué estoy haciendo que vaya en contra de verme físicamente en mi máximo potencial?

¿Qué hábitos tengo que corregir para realizarme y verme como me gustaría?

Pues ya está, si lo tienes claro, no pierdas ni un minuto más, decide qué es lo que quieres modificar para obtener los resultados y llegar al objetivo que te marques.

Coge papel y bolígrafo y anótalos en una lista. Enfrente anota los nuevos hábitos que vas a adquirir. Cuélgalo en la nevera para verlos y recordártelos a menudo.

Pensar que con solo saberlo ya está es absurdo, estarás de acuerdo conmigo en que requiere un trabajo y, como todo trabajo, requiere un esfuerzo.

¿Lo has hecho?

Si lo tienes escrito, ¡enhorabuena! Ya estás en el camino hacia tu mejor versión.

Si aún no lo has escrito, es necesario que salgas de la pereza y te actives, si no eres capaz ni de escribirlo, mucho menos de ponerte en marcha.

¡Libérate de la pereza! Si no lo has hecho, pues venga, escríbelos ahora mismo, es el primer paso.

¡¡Adelante, sin pereza, con constancia y perseverancia no existen frenos!!

Si tienes frenos, es porque realmente no te amas lo suficiente y te permites infringirte un castigo, dejándote en un estado físico que no te agrada. Cuando llegues al convencimiento de que eres increíblemente bello tal cual eres, es cuando realmente te amarás.

Empieza entonces por trabajarte interiormente y podrás cambiar tu aspecto exterior, sin esfuerzo y a tu elección. Seguidamente, ve trabajando tus hábitos, detecta cuáles son los que han llevado a tener un peso mayor o menor a lo que es sano para ti, o cuáles te llevan a realizar acciones poco saludables, que te deterioran distintas zonas de tu cuerpo, y cámbialos.

Repítete a diario tu objetivo y no te salgas de ahí hasta haber adquirido tus nuevos y saludables hábitos, que te llevarán a conseguir verte en tu mejor versión y a vivir en paz con los espejos.

Escribe en notas fluorescentes tu objetivo, y colócalas por todas las zonas donde pases cada día. Esto te ayudará a mantenerte focalizado y claro.

¿Qué o quién te impide ser la persona que te gustaría representar?

¡Nada ni nadie!

Entiéndelo de una vez, el único capaz de crear o destruir en tu mundo eres tú.

Así que a por ello…

El poder creador para ser quién quieres ser está en ti, eres el único responsable de lo que eres y cómo te ves actualmente.

Está en tu mano el modificarlo a tu gusto y con las herramientas que posees en tu interior, no tienes ningún freno para conseguirlo.

Laura Casado

5.

IRRITABLE O SENSIBLE

"Al igual que el agua quieta refleja las cosas, el espíritu tranquilo del sabio es el espejo del universo".

Chuang Tse

A menudo, nuestro sistema hormonal, haciendo conjunción con el estado de ánimo de las personas de nuestro alrededor, hace que estemos más irritables y sensibles.

¿Te parece normal y justificable lo que te acabo de contar?

Nada de eso, esta es alguna de las justificaciones que tenemos o les damos a comportamientos alterados, que se salen del orden de la armonía.

Queremos justificar en todo momento que nuestro comportamiento, o el de los demás, es siempre un efecto de algo externo a nuestra mente.

Decimos cosas como "Son las hormonas, y por esto estoy más irritable de lo normal", "El ambiente está cargado y me contagio del mal carácter de los demás"... etc., pero es necesario reflexionar y decirte la verdad.

Aunque todos estos fenómenos se den, tú tienes el control total y absoluto de tu mente, de los pen-

samientos que permites y de los que no, de los que les das importancia o valor y de los que no dejas entrar.

Libérate y deja de ponerte excusas para admitir lo doloroso que te resulta no amarte y representarte en tu mejor versión.

Si te encuentras superfeliz y orgulloso de quién eres, ¿crees que, aunque sufrieras cambios hormonales o los demás estén con mal carácter, tú estarías irritable o demasiado sensible?

La respuesta es no, hablo desde el conocimiento de causa: mi otra versión antigua, con falta de autoestima y valoración, siempre estaba justificando mi irritabilidad o supersensibilidad a causas externas; te puedo decir de viva voz que mi nueva versión feliz y segura de mí misma se entera de todo esto, pero no permite que le controlen sus pensamientos ni emociones. La mayor parte del tiempo domina, por supuesto que sigo trabajándome cuando aparecen esporádicamente esos momentos que me llevan a mi forma anterior, pero aspiro a conseguir conquistarlos casi por completo algún día.

¿Te gustaría verte con un buen cuerpo, modelado y fuerte?

¿Te gustaría estar equilibrado la mayor parte del tiempo?

Pues ya sabes cómo conseguirlo, pero, como todo premio, tiene su esfuerzo previo.

Así que adelante, te sigo contando más para que te sea más fácil conseguirlo…

¡Tienes que decirte la verdad!

El que estés irritable o sensible no depende en absoluto del exterior, sino de la calidad de pensamientos que tengas acerca de ti mismo o sobre las circunstancias que puedan acontecer.

Eres tú quien está decidiendo todo el tiempo.

Laura Casado

6.

TODO SE TE HACE UN MUNDO

"Somos el resultado de un grandísimo número de actos libres de los que somos los únicos responsables".

Matthieu Ricard

Si te fijas, el nivel de energía que tengas cuando que te levantas influye totalmente en el transcurso del día.

Si te levantas energético y sin esfuerzo, da igual qué tengas que hacer ese día, porque cualquier cosa será fácil de realizar, ni te darás cuenta. Cualquier problema que se te presente no pasará al grado problema, pues ya antes habrás encontrado la solución.

Si, por el contrario, te cuesta levantarte, estás sin energía, solo de pensar que te queda todo el día de trabajo ya te cansa, entonces se te presenta un problema y lo pasas a problemón, porque no encuentras la fuerza suficiente para poder resolverlo.

Está clarísimo que es muy importante encontrar las formas correctas de mantenerte elevado energéticamente.

Al igual que tus células fabrican energía para funcionar, necesitan el descanso y las horas de sueño para reponerse.

Estamos diseñados con un sistema hormonal increíble, fabricamos diferentes sustancias utilizando la luz solar o bien la oscuridad absoluta.

Está regulado por un reloj interno que marca los horarios para todo, adaptándose desde hace cientos de años a nuestra actividad. Se regula por el día y la noche, por esto es esencial conocerlo bien para ayudarle a procesar de manera correcta.

En tus hábitos cotidianos tienes que añadir los horarios que te marcas de sueño y actividad. Influirán mucho para que tu sistema trabaje adecuadamente.

Aunque te lo conté en el anterior libro, **Ámate, eres único y especial**, vayamos a recordarlo, es una de las cosas fundamentales para recargar a tope tus baterías energéticas.

Si tu rutina habitual es acostarte tarde, tienes que modificarla, pues requiere que te levantes temprano para dedicarte mínimo dos horas a cuidarte, programar tu día y elevar energía antes de dedicárselas al trabajo o demás tareas.

Es necesario que modifiques horarios, si tienes que dormir ocho horas, pues calcula tus tiempos.

Ejemplo: te levantas a las 6h, te tienes que ir a dormir a las 22h.

Estás diseñado internamente para un funcionamiento celular preciso. Fabricas hormonas y sustancias que te ayudan en muchos procesos internos. Esta fabricación tiene sus propios horarios, requiere en unos casos del día (luz solar) y en otros de la noche (oscuridad).

Una de las hormonas que fabricas es la melatonina.

Es la que te ayuda a tener un sueño reparador. Una de sus funciones es controlar el ciclo diario del sueño, de su fabricación se encarga la glándula pineal y depende de la iluminación ambiental para realizar correctamente todo el proceso, pues requiere de oscuridad para ser fabricada.

Los déficits de melatonina pueden ir acompañados de insomnio y depresión, podrían provocar paulatinamente una aceleración del envejecimiento.

Aquí tienes un ejemplo de la importancia de dormir pronto y aprovechar al máximo las horas de oscuridad total, para renovarte a través de un descanso reparador.

Otro neurotransmisor que sintetizas a través de un aminoácido (triptófano) es la serotonina.

Es parte fundamental del sistema nervioso, modula el estado de ánimo, la percepción, la recompensa, la ira, la agresión, el apetito, la memoria, la sexualidad y la atención.

La serotonina está condicionada a las horas de luz que recibe por día, por esto se produce, durante épocas del año menos soleadas, un aumento de depresiones y falta de estímulo sexual. Se podría decir que la serotonina es *hormona del placer* y *hormona del humor*.

Es fundamental que integres esta información y la utilices a tu favor, es necesario darle a tu sistema el máximo de horas de luz para que aumenten los niveles hormonales, así como el descanso necesario en total oscuridad.

Empieza hoy mismo a organizar tus horarios y adáptalos, lo mejor que puedas, a tu reloj biológico.

Cuando mantienes los niveles de energía altos, todo lo que realices en tu día a día será sin esfuerzo, y ya nada se te hará un mundo o un obstáculo difícil de saltar.

Programa tus horarios de sueño y actividad correctamente, adáptalos a tu reloj interno, ayudarás a tu sistema a trabajar a la perfección y conseguirás estar energético y vital para que la vida sea placentera y divertida.

Laura Casado

Es la que te ayuda a tener un sueño reparador. Una de sus funciones es controlar el ciclo diario del sueño, de su fabricación se encarga la glándula pineal y depende de la iluminación ambiental para realizar correctamente todo el proceso, pues requiere de oscuridad para ser fabricada.

Los déficits de melatonina pueden ir acompañados de insomnio y depresión, podrían provocar paulatinamente una aceleración del envejecimiento.

Aquí tienes un ejemplo de la importancia de dormir pronto y aprovechar al máximo las horas de oscuridad total, para renovarte a través de un descanso reparador.

Otro neurotransmisor que sintetizas a través de un aminoácido (triptófano) es la serotonina.

Es parte fundamental del sistema nervioso, modula el estado de ánimo, la percepción, la recompensa, la ira, la agresión, el apetito, la memoria, la sexualidad y la atención.

La serotonina está condicionada a las horas de luz que recibe por día, por esto se produce, durante épocas del año menos soleadas, un aumento de depresiones y falta de estímulo sexual. Se podría decir que la serotonina es *hormona del placer* y *hormona del humor*.

Es fundamental que integres esta información y la utilices a tu favor, es necesario darle a tu sistema el máximo de horas de luz para que aumenten los niveles hormonales, así como el descanso necesario en total oscuridad.

Empieza hoy mismo a organizar tus horarios y adáptalos, lo mejor que puedas, a tu reloj biológico.

Cuando mantienes los niveles de energía altos, todo lo que realices en tu día a día será sin esfuerzo, y ya nada se te hará un mundo o un obstáculo difícil de saltar.

Programa tus horarios de sueño y actividad correctamente, adáptalos a tu reloj interno, ayudarás a tu sistema a trabajar a la perfección y conseguirás estar energético y vital para que la vida sea placentera y divertida.

Laura Casado

7.

IDENTIFICANDO HÁBITOS

"A fin de percibir el infinito valor de todas las cosas, debemos prestar a la vida una atención plena y completa".

Jack Kornfield

Para convertirte en la persona que te gustaría ser, debes empezar la casa por los cimientos. Estos son tus formas establecidas de pensar que te llevan a unos hábitos diarios. Detectarlos es pieza clave para poder analizarlos y saber si te llevan a cumplir tus objetivos marcados o no, en cuyo caso, tendrías que modificarlos y adaptarlos a tu "nuevo yo".

Tu "nuevo yo" es la parte más auténtica de ti mismo, el que vive feliz, entusiasmado por la vida, porque aprendió a amarse.

Cuando te amas verdaderamente, se despierta en ti el instinto de cuidarte y mimarte. Ya comprendiste el valor que tienes y te tratas con increíble cariño.

Pues bien, para poder detectar tus rutinas diarias basta con prestarte atención, anotar lo que haces desde la mañana a la noche.

El listado lo puedes confeccionar realizándote algunas preguntas, lo tienes que estructurar adaptado a ti, te pongo un ejemplo:

Al levantarte:

¿Qué frase es la primera que te dices?

¿Qué haces seguidamente?

¿Qué margen de tiempo te dejas para ti?

¿Qué estiramientos o actividad practicas?

¿Qué ritual de aseo realizas?

¿Qué desayuno tomas?

¿Cómo programas las actividades que llevarás a cabo en tu día?

Al ir al trabajo:

¿Qué escuchas mientras te desplazas?

¿Qué haces para aprovechar el tiempo?

En tu jornada laboral:

¿Con qué ánimo saludas?

¿Cuántas veces sonríes?

¿Qué meta te marcas?

¿Cuántas veces agradeces por tener un trabajo?

¿Cuántas soluciones encuentras?

¿Qué haces para superarte?

Al llegar a casa:
¿Qué es lo primero que haces?

¿Qué comentarios compartes de tu trabajo con la familia?

¿Qué frases de amor y cariño tienes hacia tu familia?

¿En qué estado de ánimo llegas a casa?

¿Cuántas veces agradeces tener un techo donde dormir?

¿Cuántos nutrientes tomaste en las comidas?

¿Cuánta agua bebes a lo largo del día?

Al acostarte:

¿Qué haces antes de dormir?

¿Cuál es el último pensamiento antes de cerrar los ojos?

¿Cuántas veces agradeces tu día y lo positivo que te ha pasado en él?

Estas y muchas más puedes formularte, para detectar lo que haces cada día de manera automática.

Esto te indicará fácilmente las cosas que puedes mejorar, se trata de tomar conciencia plena de todo lo que haces y sacarle máximo provecho.

> Es fundamental tomar conciencia de los hábitos que tienes cada día y que realizas en piloto automático.
>
> Esto te servirá para detectar las áreas a mejorar y poder rediseñarte a medida para ser quién quieres ser, tu versión más auténtica.
>
> Laura Casado

8.

CALENTANDO MOTORES

"Podemos abandonar progresivamente nuestros ideales acerca del hombre que deberíamos ser, o del que creemos querer ser, o del que creemos que los demás creen que queremos o deberíamos ser".

Pema Chödrön

Una vez detectados tus hábitos, decide qué es lo que quieres mejorar de ti mismo.

No importa si hay muchas cosas que no hacías bien, eso es el pasado, ahora tienes que programarte para llegar a vivir plenamente en tu mejor versión.

Aunque tengas unas ganas enormes, tienes que empezar cambiando tus hábitos progresivamente. Empieza poco a poco, cambiar tus rutinas radicalmente no será nada fácil, pero si empiezas por una y la llevas a cabo al menos veinte días consecutivos, pasará a tu zona cómoda y lo harás sin esfuerzo.

A continuación, eliges otra de las prioridades de cambio de la lista y la implementas a tu vida. Por ejemplo, hacías poco deporte o nada, te alimentabas mal y has decidido mejorar tu aspecto físico.

Empezaste por retirar alimentos perjudiciales e introducir una nueva alimentación más sana y, después de haberlo llevado a cabo por veinte días, incluirás el ejercicio saludable que debes practicar, como tu caminata mañanera, estiramientos o práctica de yoga. Si por tus horarios no puedes, porque entras muy temprano al trabajo, organízatelo a la salida. Y no pares de hacerlo hasta que se haya fijado como hábito.

¿No te ha pasado que al principio te costaba horrores hacer algo nuevo y, pasado un tiempo, sucede al contrario?

El cuerpo se adaptó a una actividad y, cuando no la haces, la encuentra a faltar y, casi sin pensar, te verás practicándola.

Una de las mejores ventajas de la vida es que eres libre de elegir cómo programarla y cómo quieres vivirla.

Así que, teniendo claro en qué parte vas a concentrarte, vayamos a conocer más cosas interesantes sobre ti...

Tienes que planificarte y empezar de uno en uno a implementar en tu vida los nuevos hábitos que has decidido tener, en poco tiempo y siendo constante, habrás conseguido hacer un cambio importante y muy positivo en ti.

Laura Casado

SEGUNDA PARTE:

APRENDE A CUIDARTE

9.

DESCUBRIENDO TU INTERIOR

"En particular, debemos aprender el arte de dirigir nuestra atención a las zonas ocultas de nuestra existencia".

Jack Kornfield

Tienes un sistema perfecto, creado para autoabastecerse de todo. Recoge del exterior todo lo que necesita y se autoprocesa para mantenerse en óptimos niveles.

Utiliza, además de los nutrientes que recibe de los alimentos, el agua, que es fundamental para realizar cualquiera de sus procesos y para su sistema de limpieza y filtrado.

Es alucinante pensar que estamos constituidos de un 70 a un 80 % de agua. Teniendo este dato, es fácil deducir por sentido común lo necesaria que es para nosotros.

Si hasta ahora no le has dado la importancia que tiene, es el momento de que se la des y escojas tu alimentación correctamente. Eres lo que comes y muchas enfermedades puedes evitarlas o corregirlas con la buena nutrición e hidratación.

Es de locos pensar que tu coche o moto puede desplazarte sin combustible, o que si le pones otra cosa que no sea el tipo de carburante que necesite, ande igualmente y coja buena velocidad.

Tu cuerpo es igual, es tu vehículo para desplazarte y vivir esta experiencia materializada.

¿Cómo somos tan inconscientes de darle comida inadecuada, beber alcohol o bebidas azucaradas y corrosivas, en vez de darle buenos alimentos y mucha agua?

No ser consciente de esto, ni darle el valor que tiene, es lo que lleva a la mayoría de personas a sufrir una vida llena de problemas y enfermedades.

¿No crees que tu máquina es mucho más fuerte de lo que puede ser un coche?

¡Muchísimo más! Pero, como toda máquina, se termina averiando por un mal uso.

¿Cuánto tardaría tu coche en dejar de andar al recibir un carburante que no necesita o cualquier tipo de sustancia inadecuada?

Un segundo y medio, ¿no?

Entonces...

¿Aún te preguntas por qué te duele esto o aquello, estás sin energía, te cuesta llevar tu trabajo o actividad cotidiana correctamente, o te apareció una enfermedad u otra?

Es puro sentido común, lo peor es que aun así no lo vemos, y para apalear los dolores que llegamos a producir por estos desequilibrios, nos seguimos metiendo más veneno químico con pastillas y medicación.

Ojo, no digo que no sean necesarias llegados a extremos de enfermedades, pero... ¿por qué permitir llegar hasta ahí?

Es simple, dale el carburante correcto a tu cuerpo y seguro que te encontrarás genial.

Cuidar de tu cuerpo y alimentarlo correctamente es esencial para tener una vida feliz y saludable, somos lo que comemos.

Tienes que darle el carburante correcto a tu vehículo, es el único que tienes para vivir esta experiencia.

LAURA CASADO

10.

CREA TU NUEVO HORARIO

"Quien quiera vivir, quien quiera seguir siendo él mismo, debe comprometerse".

Cheikh Hamidou Kane

Es interesante observar cómo, en un día de 24 horas, donde el sol sale para todos y se pone de la misma forma, cada uno lo aprovecha y distribuye de forma totalmente distinta.

Si te paras a pensar, es exactamente el mismo espacio de tiempo para uno que para otros y, sin embargo, pueden llevar vidas totalmente distintas.

¿Qué marca la diferencia entre la salud, la alegría, el poder económico de unos u otros?

Realmente no tiene que ver con la suerte, es puro sentido común y lógica, en las mismas 24 horas, la programación, el enfoque y la atención lo determinan.

Te pongo un ejemplo:

Una persona se programa para levantarse en un horario determinado, llevar a cabo unas acciones que tengan que ver con su salud, como hacer ejercicio, tomar un buen desayuno. Después, programa su actividad el resto del día hasta la tarde, enfocada en elevar su economía, a última hora del día se centra en dar y recibir amor de sus seres queridos y, en la noche, a llevar a cabo acciones para descansar correctamente.

Por el contrario, otra persona se programa distinto, o incluso no tiene programa definido, se levanta tarde, a lo justo para salir al trabajo, va falto de energía, trabaja sin meta solo para subsistir, llega a casa cansado, se tumba a ver televisión sin ganas de compartir con la familia y se queda viendo series hasta altas horas de la madrugada, sin respetar las horas de descanso...

¿Crees que es suerte que uno progrese, sea vital, energético, alegre, con buena economía y relaciones; y el otro esté cansado, siempre sin motivación y triste?

Estarás de acuerdo conmigo en que no lo es, tanto uno como el otro tuvieron el poder de decidir en qué emplear sus 24 horas del día, y decidieron muy distinto.

Está claro que cada uno decide la suerte que quiere tener, es necesario ser consciente de esto.

No importa si de aquí para atrás lo estabas haciendo mal, es pasado, pero sí importa lo que decidas de aquí en adelante, y si aún no estás aprovechando tu tiempo correctamente, es tu momento.

Empieza estructurando tus nuevos horarios, planifícate para cubrir tus necesidades básicas en cada una de tus áreas y, además, añadir un plus de más en cada una de ellas.

Con buena organización, un día rinde mucho, así que coge papel y lápiz, haz tu horario semanal y sé estricto para llevarlo a cabo.

Las primeras semanas te costará esfuerzo, pero te aseguro que, en poco tiempo, formará parte de ti y lo harás sin darte cuenta. Tu propio cuerpo te irá indicando tus horarios, te despertarás minutos antes de que te toque el despertador y, en la noche, los abrimientos de boca llegando tu hora de dormir serán continuos, esto querrá decir que tu mente entendió el plan y lo integró en tu subconsciente.

¿Lo tienes?

Es necesario que escribas tu nuevo horario y lo pongas en una zona visible para recordártelo.

Si tienes familia y no vives solo, te costará un poco más llevarlo a cabo, pero se puede, tendrás que programarte junto con ellos y será buenísimo para todos tener nuevos hábitos y horarios más saludables.

Genial, si ya lo tienes, enhorabuena, estás a muy poco de cambiar tus hábitos y dar un cambio bestial, los niveles de energía te subirán a las nubes y te sentirás superfeliz contigo mismo.

> Es necesario programar un horario correcto que siga tu reloj interno, te ayude a aprovechar tus 24 horas y te convierta en una persona vital, energética, alegre, con buena economía y relaciones.
>
> Laura Casado

11.

NUEVAS REGLAS

"Sé tangente entre el derecho y el deber. Si solo aprendieras derecho, serías corrompido, serías envilecido. Levántate con el sol y acuéstate con él, puesto que es puntual".

Bouna Boukary Diouara

Si todo te va genial, actualmente vives feliz en la vida que tienes, estupendo, eso es maravilloso, porque quiere decir que estás cuidándote y haciendo las cosas bien.

Si no es así, sientes que falla algo importante, no estás desarrollándote en tu máximo potencial y sabes que puedes dar mucho más de ti, entonces también genial, porque eso quedará atrás si te haces consciente de ello y decides vivir de forma distinta.

Al igual que marcar tus nuevos horarios, también tendrás que establecer nuevas reglas a tu nueva vida.

Estas se enfocarán en modificar tus hábitos antiguos y llevar a cabo los nuevos.

Debes analizar cuál es el área o las áreas de tu vida que quieres modificar. Haz una lista de ellas. Detecta qué está fallando y cómo puedes hacer que eso funcione bien, márcale una regla de cambio.

Te pongo un ejemplo:

En el área de tu salud, detectas que no te sientes bien con tu cuerpo o vitalidad, te gustaría verte más esbelto, o más fuerte.

Perfecto, este es el fallo que encuentras, ahora busca cómo mejorarlo, podría ser alimentándote mejor y haciendo más ejercicio.

Ahora marca tu regla de cambio, dentro de la alimentación, ¿qué crees que comes en demasía y te perjudica? Por ejemplo, el exceso de azúcares, pues bien, tu regla será: "Quedan eliminados los azúcares de mi dieta diaria, o reducidos a una pequeña dosis por la mañana".

Dentro del ejercicio, detecta qué haces mal, no haces o haces muy poco... pues bien, tu regla será: "Todas las mañanas, al despertar, hago 30 minutos o 1 hora de ejercicio".

De esta manera, no hay otra opción, las reglas que te marques te llevan a cumplirlas, porque no basta con pensar "Quiero hacer esto o aquello, sé que debería hacer esto...", con pensarlas no sirve. Tienes que autorizarlas.

Debes marcártelas como reglas inamovibles para ti, tienen que ser decisiones intocables.

De esta manera, no te quedarás en el punto de "Lo haré", sino en el de "Lo hago". No hay otra opción y punto, porque son las que te llevarán a ver cumplidos tus objetivos y a sentirte superbien contigo mismo y, por consiguiente, con los demás de tu alrededor, porque se lo transmitirás con tu alegría y felicidad.

Te aseguro que, cuando cumples con tus reglas, te será muy fácil conseguir lo que tanto anhelas.

> Márcate tus reglas de cambio, haz que sea un hecho llevarlas a cabo y, en poco tiempo, verás tus objetivos cumplidos, serás una persona nueva y tremendamente feliz.
>
> Laura Casado

Para tener la fuerza de voluntad, liberarte de la pereza y conseguir llevar a cabo todo lo que te propongas, es muy necesario elevarte la energía a tope.

Vayamos a ver diferentes formas de elevártela…

12.

ELEVANDO ENERGÍA

"El ser supremo cumplió su gran obra de la creación, multiplicando su persona sin perder nada de sí. Animó a todas las cosas dándoles energía".

Cosmogonía bantú

Cuando se desconoce algo, pareciera que no existe, es algo raro o místico. Es necesario conocerte bien, tener conocimiento de que somos energía concentrada.

Llevan, muchos años atrás, estudiando en profundidad qué hay más allá de la materia que vemos, en la física cuántica ya es un hecho estudiado que somos pura energía.

Estás conectado a una fuente energética enorme llamada energía universal.

Es fascinante cuando te conoces bien y le das explicación a todos los fenómenos que siempre entendiste como extraños.

La energía es sensible a cambios producidos por tus pensamientos, emites un sentimiento y generas un tipo de energía u otra.

Esto mismo le ocurre a cualquier persona de tu alrededor, si sus pensamientos son positivos, vibra con una energía elevada; por el contrario, pensamientos negativos, vibra bajo y genera una energía débil.

Cuando estás cerca de una persona, entras dentro de su campo energético y esta en el tuyo.

Si tu energía vibra alto, contagiarás la de la otra y subirán sus niveles, haciéndole sentir muy bien; por el contrario, si vibra bajo, lo que recibe la otra persona será cansancio, malestar y falta de alegría. Igualmente puedes ser contagiado por los demás, dependiendo de su estado energético.

Es tal cual, nada místico, hoy en día pura ciencia demostrable.

Sabiendo esto, es fundamental, para poder tener una vida feliz y llena de enriquecedoras experiencias, que te ocupes diariamente en mantener elevada tu energía.

Ya sabes la importancia de alimentarte correctamente, tener las horas de sueño y marcarte los horarios correctos para tu buen funcionamiento interno celular.

De igual forma, es muy importante saber que tu mente juega un papel esencial en todo esto, pues es la que determina la calidad energética que emites y el tipo de vibración.

A medida que controles tus pensamientos y tengas claro que solo procesarás los positivos, cuando localices a los negativos, no les darás permiso, serás dueño de ti mismo y podrás mantener tu energía en niveles muy altos.

"Toda la moral se basa en esta concepción: es bueno lo que aumenta la fuerza vital, es malo lo que la disminuye. Hay actos que no deben cometerse porque disminuyen, crean desorden, destruyen tanto el orden social como el humano".

Alassane Ndaw

Una de las técnicas más positivas, para conseguir un estado mental elevado, es el agradecimiento. Tener por costumbre escribir tus agradecimientos diarios te conectará con la verdad y te liberará de la queja y, por tanto, de pensamientos de baja intensidad.

La meditación o ejercicios de conciencia plena también te regenerarán y te harán sentir genial. Te hablaré de ellos más adelante.

También existen diferentes acciones sensitivas que te ayudarán a mantener tus baterías cargadas de buena energía, te explico algunas:

- El agua equilibra y eleva energía, bañarte en el mar, en un río o darte una ducha, es una de las acciones más liberadoras y equilibrantes que hay.

- El contacto con la naturaleza, caminar descalzo sobre hierba o tierra, te reequilibra y recarga de una manera asombrosa y muy rápida.

- La música que es placentera para tu oído te eleva rápidamente, por esto hay personas que, sin saberlo realmente, cuando se encuentran caídos anímicamente, escuchan música que les haga sentir bien.

- La actividad física, bailar o practicar algún deporte que te apasione, te liberará de pensamientos nocivos y te modificará la energía baja en alta.

- A nivel visual existen terapias del color, hay estudios que demuestran que los colores tienen el poder de equilibrar y elevarte energéticamente.

- A través del olfato también se eleva energía de forma rápida, la aromaterapia es una de las terapias más eficaces para eliminar bloqueos energéticos.

Tienes que coger, en tus rutinas diarias, hábitos que te ayuden a mantenerte energético, es fundamental para desarrollar tu día en alta frecuencia y encontrarte con ganas de todo, es la mejor forma de realizar todos los sueños o metas que te propongas.

Así que ahora piensa en qué momentos del día vas a dedicar tiempo para llevarlos a cabo, yo te recomiendo que lo hagas al despertar y que la primera hora del día te la dediques a ti.

Compruébalo y verás qué bien te sentirás, será fácil llevar a cabo tu actividad diaria.

Eres increíblemente poderoso, utiliza tu energía para tener un presente maravilloso y crear el futuro que deseas.

Es fundamental entender que eres energía concentrada, que reacciona a tus pensamientos y sentimientos.

Mantener los niveles de energía elevados es indispensable para tener un presente maravilloso y un futuro prometedor.

Laura Casado

13.

TERAPIA EFECTIVA

"Cuanto más se afina el grado de conocimiento, más se elabora la relación con el mundo natural".

XIV Dalái-lama

La naturaleza nos brinda una colección enorme de remedios para cuidarnos y estar sanos.

Es necesario volver a los orígenes de la tierra y la naturaleza, comprender que tenemos grandes herramientas para estar saludables a nivel físico, energético y emocional.

Una de las terapias más eficaces, que se utiliza en la actualidad en varios sectores, es la aromaterapia.

Es una medicina complementaria ampliamente practicada que utiliza aceites esenciales, extraídos de flores, hojas, cortezas, semillas y frutas.

Los aceites esenciales se extraen normalmente por un proceso de destilación al vapor, suelen usarse holísticamente en masajes para tratar trastornos emocionales y físicos. También se están empleando clínicamente para complementar la medicina oficial. En el ámbito estético es quizás donde está más extendido su uso, se utilizan en quemadores o difusores para equilibrar a través del olfato.

La aromaterapia actúa a través del olfato y del torrente sanguíneo.

A nivel energético, es una potente herramienta para equilibrar y elevar la energía.

Se cree que las antiguas civilizaciones usaban la aromaterapia de muchas maneras y por muchas razones. Probablemente el concepto se usó originalmente en China, Egipto, Oriente Medio y por los nativos americanos.

La práctica de aromaterapia moderna se le atribuyó principalmente al químico francés René-Maurice Gattefosé.

Él inició la investigación de los poderes curativos, en 1937 también publicó el primer tratado en la materia: *La aromaterapia de Gattefosé*.

¿No te parece superinteresante que tengamos herramientas naturales tan poderosas?

Es fascinante cuando te haces conocedor de tantas opciones que te brinda la naturaleza para estar saludable, energético y feliz.

Tienes momentos de angustia, te encuentras triste, agitado, nervioso, sin fuerza... es evidente que tienes tu energía alterada y no está en equilibrio.

Al detectarlos, tienes que poner remedio cuanto antes, para poder vivir cada minuto de tu vida sosegado y feliz.

Te indico algunas de las esencias que te pueden servir en algunos casos, según tu estado de ánimo. A nivel profesional se puede comprobar por test de respuestas musculares, y estas te indican claramente qué tipo de esencias necesitas para remediar el estado en el que te encuentras; también de manera intuitiva y con un poco de conocimiento sobre ellas, les puedes dar uso:

- Relajantes: lavanda, manzanilla, jazmín, incienso, mirra, naranja, neroli, mandarina, *ylang-ylang*, sándalo.
- Revitalizantes: limón, semilla de pomelo, canela, enebro, vainilla, geranio, romero.
- Estimulantes: menta, eucalipto.
- Antisépticas: árbol de té, lavanda.

Estas son solo algunas de las más usadas, pero hay que tener en cuenta su polaridad en *yin* o *yang*. Por esto, lo ideal es que cada esencia sea testada correctamente cuando se ha de aplicar directamente sobre la piel.

Sobre las polaridades te hablaré en los siguientes capítulos.

Actualmente existen aceites que ya vienen preparados con mezcla de varios y que compensan las dos polaridades, así que será más seguro aplicarlos tópicamente en uso particular.

En la tienda online que creé **(www.mibeautykit.es)**, puedes encontrarlos en el apartado de *Mi equilibrio*. Estos te aseguran la nutrición a la piel, además del equilibrio.

En tu cuerpo existen siete centros energéticos llamados chakras, cada uno de estos controla diferentes áreas y se pueden desequilibrar. Existen diferentes terapias para mantenerlos óptimos, la cromoterapia, los minerales y la aromaterapia entre las más efectivas y rápidas. Actúan al momento y el bienestar es inmediato.

La naturaleza te brinda herramientas increíbles para mantenerte sano y vital. Utiliza la aromaterapia para equilibrarte física, emocional y energéticamente.

Laura Casado

14.

TOMANDO CONCIENCIA

*"El sabio es el que oye lo que no tiene sonido
y ve lo que no tiene forma".*

Maestro zen

La inercia del día a día, de la rutina que estableces, te lleva muy a menudo a vivir sin enterarte de que los días pasan, se convierten en meses, y estos en años.

Es bonito poder aprender de ellos y vivirlos.

Vivirlos con intensidad, disfrutando de cada momento que pasas, tanto en los de mayor actividad, más relajados, o simplemente en los momentos que eres un mero observador de lo que acontece a tu alrededor.

Aquí está el secreto, en vivirlos siendo consciente, desconectando tu piloto automático, que es el que te lleva a entrar en un estado de rutina, como si de una máquina sin vida se tratase.

Consiste en que le des alegría y vida a esa rutina establecida por ti, que le incorpores cambios positivos que te hagan disfrutarla verdaderamente.

Poder contemplar la belleza que acontece en cada gesto de la naturaleza o de otro semejante.

Que experimentes cosas nuevas, te atrevas a probar nuevas emociones, te despojes de tus miedos y te entregues a vivir realmente, realizándote en ti mismo, en tus dones, tus talentos, sin importar que salgan bien o salgan regular.

Realmente eso no llega ni a ser lo importante, lo que verdaderamente cuenta es lo que experimentas, aprendes, creces y evolucionas.

Para ayudarte a conectar contigo mismo, hacerte consciente de todo lo que eres y lo que sucede a tu alrededor, se creó la técnica de *Mindfulness*.

Es una técnica que te ayuda a liberarte del estrés que puedas llegar a sufrir, por vivir lleno de responsabilidades y configurado desde el subconsciente, sin ser consciente de ti mismo y de todo lo bonito y maravilloso que acontece.

En el libro *Con rumbo propio*, del autor Andrés Martín Asuero, tienes un programa completo con ejercicios semanales que te serán de mucha ayuda; no solamente este libro, existen muchos más de los que puedes aprender, incluso formaciones presenciales.

Toma conciencia de que es hermosa la vida y tienes la obligación moral de vivirla como merece.

Cuando consigues liberarte del estrés, no solamente empiezas a disfrutar de lo que haces, sino que previenes enfermedades y problemas de salud futuros.

Forma parte de quererte y cuidarte adecuadamente, así que, si aún no has conseguido dominar tus niveles de estrés, es el momento de que te pongas manos a la obra y corrijas el rumbo, estás a tiempo y ya conoces las herramientas para llevarlo a cabo.

Para vivir una vida plena es necesario que te hagas consciente de todo lo maravilloso que acontece a tu alrededor en el momento presente.

Salir del piloto automático, liberarte del estrés, es fundamental para disfrutar de cada minuto y de cada momento de tu vida.

Laura Casado

15.

QUÉ INCREÍBLE SISTEMA

"El niño aprende a bailar, llevado a espaldas de su madre, antes de empezar a caminar. El contacto entre él y su entorno, su madre, su hermana, sus hermanos, e incluso sus abuelos, le revela muy pronto su propio cuerpo como instrumento de diálogo."

Raymond Johnson

Siempre me causó una gran admiración la creación humana. Tienes un sistema increíblemente perfecto.

Tantas células con poder de generar su propia energía, dispuestas con millones de funciones distintas, donde se complementan unas a otras.

Es un sistema tan complejo y detallado que, cuando te paras a observarlo, parece imposible tanta perfección.

Y lo más alucinante es que tu mente consciente ni se entera de que sucede ni cómo. Tienen órdenes estrictas, a no ser que desde tu mente las alteres o reciban un alimento inadecuado, trabajan sin descanso y correctamente.

Cuando generas pensamientos y, con ellos, mensajes nocivos para ti mismo, estás rompiendo ese equilibrio perfecto que tienes dentro.

¿No te parece injusto que algo que trabaja sin descanso, dando el máximo a cada segundo y trabajando sin tacha, se vea desatendido, sin amor y falto de agradecimiento?

Pues esto es lo que haces cada vez que no amas correctamente la obra de arte que eres, diciéndote cosas negativas de ti mismo, sin verte hermoso tal cual eres, dañándote con alimentos, bebidas o sustancias que son dañinas, incluso tóxicas, para tu sistema, o no descansando las horas que necesita tu cuerpo.

En vez de valorar la labor tan perfecta que hace cada una de tus células y darles el amor que se merecen, el alimento e hidratación que necesitan, y su merecido descanso.

Es fundamental que te hagas consciente de esto, las enfermedades provienen del maltrato que recibe tu cuerpo por tu parte, bien sea desde la mente por exceso de estrés, pensamientos negativos de no merecer, pocas horas de descanso, o bien por el tipo de alimentos o bebidas que ingieres.

¿Es necesario verte enfermo para valorar tu existencia?

Ya lo que hicieras en el pasado no importa, pero ahora tienes la oportunidad de cambiar esos pensamientos y hábitos erróneos.

Es tu responsabilidad cuidarte y quererte mucho. No estás solo, eres el comandante de millones de soldaditos que trabajan sin descanso para proteger, cuidar y abastecer tu mundo interior.

Trátales con esmero y podrás disfrutar de una vida espléndida, llena de oportunidades increíbles que experimentar, de lo contrario, te quedarás sin el vehículo y tu experiencia habrá terminado.

No es exageración, es una realidad que a veces no se quiere ver, pero está claro, sin salud o sin vehículo ya no estarás operativo.

Así que, a partir de ahora, si aún no lo has hecho, hazte un firme compromiso contigo mismo y trabájate tu mentalidad errónea, haciéndote consciente de lo increíblemente bello y perfecto que eres.

> Tienes un increíble y perfecto sistema celular que depende de ti, trátalo con amor, cuídalo correctamente y podrás disfrutar de esta experiencia como merece.
>
> LAURA CASADO

16.

ESCUCHA A TU CUERPO

"El cuerpo del hombre es muy pequeño comparado con el espíritu que lo habita".

Tradición africana

Eres el comandante de tu cuerpo, tú decides qué haces con él, cómo lo cuidas, cómo lo tratas...

Cuando eres niño, aún tu consciencia no está despierta y estás aprendiendo de todo lo que observas. Por esto, los padres o adultos que estén contigo son los que se encargan de ti, de dirigirte y aconsejarte, mientras llegas a una edad adulta donde tomas madurez y consciencia de todo.

A partir de este momento, te ceden la responsabilidad que han tenido contigo durante tus primeros años, y es aquí cuando tienes el aprendizaje y la responsabilidad para dirigir tu cuerpo correctamente.

En edad temprana, aunque sabes lo que te han enseñado, necesitas coger práctica y experiencia. Empiezas a cuestionar todo tu aprendizaje y a comprobarlo por ti mismo.

Esto es necesario, si no lo hiciste antes lo puedes hacer ahora, porque te permite detectar hábitos erróneos que no obran en tu beneficio, aunque para ellos fueran los correctos, para ti puede que no lo sean y te permite modificar o mejorarlos.

El asunto es que, si te amas lo suficiente, todo lo que modifiques o corrijas irá en tu beneficio y haciéndote crecer.

De lo contrario, si aún no entendiste el valor tan increíble que tienes y te sientes poco merecedor de las cosas buenas que te sucedan, sin darte cuenta te empiezas a infringir daño y actúas en contra de ti mismo, probando o haciendo cosas que no te benefician en absoluto.

De una forma u otra, llegarás antes o después a reconocer que necesitas amarte, es lo primordial, es lo que se llama madurez. Cuando maduras realmente, es cuando te haces responsable 100 % de ti. Te valoras y te cuidas correctamente.

Ahí estás preparado para amar a otros y asumir otras responsabilidades.

En muchos casos, se adquieren responsabilidades previas a completar la maduración de uno mismo, y esto te esfuerza en acelerar el proceso.

En cualquier caso, llegar al momento de dirigir tu cuerpo y decidir cómo cuidarlo es tu responsabilidad absoluta.

Debes tener una comunicación fluida con él, escucharlo cuando tiene necesidades, si algo va mal o si todo funciona a la perfección.

Nadie puede conocer tu sistema como tú mismo, tienes millones de células que trabajan bajo tus órdenes y es maravilloso llegar a entenderlas, cuidarlas y amarlas.

En las técnicas de conciencia plena, ya descritas por bastantes doctores, te indican cómo sanar tu cuerpo a través de tu mente.

Al igual que se puede ver afectado por estrés o pensamientos negativos, puede ser sanado con pensamientos contrarios, positivos, y órdenes concretas de restauración.

Hay clínicas que trabajan ya en esta línea, con terapias alternativas a la medicina tradicional.

Es, por tanto, tu decisión cuidarte y estar al tanto de tu potencial mental.

Sigamos viendo un poco más sobre tu poderosa mente...

> Debes atenderte correctamente y saberte escuchar. Es tu responsabilidad dirigir el gran mundo que llevas dentro, eso te permitirá ser libre y poder vivir en un cuerpo sano.
>
> LAURA CASADO

17.

EL PODER DE TU MENTE

"El mar, cuando está furioso, es la imagen de las pasiones y emociones que agitan nuestro mundo interior, y hay que aprender a conocer y luego dominar. Es un mundo de subidas embriagadoras, seguidas de caídas vertiginosas. Si no se cuenta con un guía o con un medio de travesía seguro, se está expuesto a graves peligros".

Amadou Hampâté Bâ

Qué importante es conocerla y reconocer el poder que tiene. Es la pieza central de todo lo que ocurre en tu vida.

Son muchas las personas que aún no despertaron a la verdad. Es muy necesario saber que todo lo que acontece a nuestro alrededor mucho antes fue creado por nuestra mente y el poder de focalizarse en un tipo de pensamientos u otros. Dejar que divague sin rumbo ni control es estar vendidos a una vida incierta, llena de desasosiego.

Al igual que entrenas tus músculos, la mente puede ser entrenada para operar con un tipo de pensamientos u otros. Estar precondicionada para ir detectando todo lo maravilloso que te ocurra o, por el contrario, ir detectando todo infortunio.

Programarla para enfocarse en algo constructivo y que genere el tipo de sentimientos necesarios para poder atraer a tu vida situaciones, personas y cosas mágicas.

Además, es la que comanda todo el tiempo de manera subconsciente en tu cuerpo, la que manda una información o una orden distinta a cada parte, órgano o célula.

Es maravillosa, magistral, tienes que entenderla bien y ser su aliado, ir enseñándole la forma correcta de dirigir, con mucho amor y entendimiento.

Hay dos maneras principales para que aprenda o incorpore una nueva orden o creencia como válida:

- Por alto impacto emocional.
- Por repetición.

La primera opción se realiza de manera rápida, pero mucho más dolorosa, por lo que es mejor utilizar la segunda técnica, la repetición. Esta requiere de mayor esfuerzo y constancia, pero no resulta tan dramática.

A medida que entrenes a tu mente y consigas trabajar con ella de aliado, podrás cuidar mucho mejor de tu cuerpo y sentirás que estás en el camino correcto, con una sensación de felicidad y autocontrol increíble.

Cuando tomas una decisión conjunta entre tu mente y tu "yo auténtico", no hay nada ni nadie que te haga dudar o no llevar a cabo lo que habéis acordado.

Si la decisión tomada es ser feliz, ese será el objetivo principal y cualquier cosa positiva que acontezca en tu día la retendrá, como si de un tesoro se tratase; de lo contrario, lo menos bueno o negativo ni lo verá, porque no está programada para ello.

Lo mismo ocurre a la inversa, tiene que ver con la programación y la decisión que en algún momento tomaste, de vivir a la defensiva y protegiéndote de todo. Esto llevará a tu mente a buscar lo malo, el peligro, lo negativo, y no te dejará ver todo lo bueno y bonito que acontece, al mismo tiempo y en el mismo lugar donde te encuentras.

Por esto, es necesario que te analices a ti mismo y observes sobre qué orden estás operando.

Si estás alegre, entusiasmado y no cabes de felicidad, está claro que la orden en la que operas es de disfrutar esta experiencia, de lo contrario, tienes que observar qué te dices, bajo qué creencia actúas.

Es necesario que, una vez detectada la orden negativa, la corrijas, cada vez que te detectes enfocándote en negativo, te vuelvas a repetir tu nueva orden de disfrute y felicidad.

Así, por repetición, irás girando poco a poco el foco del lado gris al de intensos colores brillantes.

Hay un ejercicio muy eficaz que se puede utilizar en niños y adultos. Se trata de escribir cada noche todo lo bonito que te ha sucedido a lo largo del día, la regla principal es no escribir en ese cuaderno nada que tenga que ver con sentimientos negativos. Así, tu mente estará alerta, buscando situaciones buenas, porque sabe que tendrá que recordarlas cuando termine el día.

Al principio es normal que intentes recordar situaciones positivas y solo recuerdes las negativas que te hayan sucedido, pues ese es tu patrón, ya verás que, en pocos días, empezarás a llenar páginas de experiencias enriquecedoras. En menos de un mes, realizando este ejercicio, habrás conseguido repolarizar tu mente al lado positivo de la vida.

La mente es el centro de operaciones de tu vida, tienes que trabajar con ella y dirigirla hacia el enfoque correcto. De esto depende que tengas una vida feliz, llena de abundancias, o una infeliz, llena de vacíos.

LAURA CASADO

18.

COMO LOS GATOS

"Dóblate en dos y seguirás estando entero, inclínate y serás enderezado, permanece vacío para poder ser llenado, desgastado, y serás rejuvenecido. Posee poco y ese poco fructificará mucho, y ese mucho se perderá".

Lao-Tse

Desde hace miles de años atrás, la especie humana ha ido evolucionando, ha conseguido sobrevivir gracias a su inteligencia, a través de los cambios se ha ido reinventando y haciéndose cada vez más evolucionada, y recabando un mayor aprendizaje e información.

Una vez leí que se medía la inteligencia con la capacidad de adaptación al medio. Las personas más inteligentes eran las que habían desarrollado una capacidad mayor de adaptarse a los cambios.

Esto es algo que define muy bien a nuestra especie, y de esto va la evolución humana.

El poder de adaptación es también flexibilidad a nivel mental, para escuchar y poder aprender cosas nuevas. Mantener una mente flexible y abierta a los cambios.

Esto no quiere decir que todo lo que veas o escuches tengas que hacerlo tuyo o sea válido para ti.

Bajo tus valores, principios, creencias y aprendizajes, tienes que ir filtrando la información que recibes y quedarte con la que te haga crecer y evolucionar.

Se trata del equilibrio, ni una mente cerrada que cree que ya lo aprendió todo y no se abre a los cambios, ni una mente totalmente sugestionable ante cualquier situación o persona que se cree todo lo que le dicen.

A nivel físico también es necesaria la flexibilidad, la necesitas para estar saludable: ante una caída o golpe, el ser elástico te evita daños mayores.

Una de las mejores prácticas que hay para mantenerte flexible es el yoga. Es un conjunto de ejercicios de estiramiento que implica la unificación y conexión del cuerpo y mente. Se realizan ejercicios posturales que son muy buenas para la salud, con una serie de respiraciones controladas que te ayudan a oxigenar correctamente.

La práctica del yoga la identifico a nivel mental y físico como la de un felino, que se estira de manera muy elástica.

Es necesario que te visualices con la audacia, el poder de observación y la flexibilidad corporal de un gato.

Te servirá en muchas ocasiones para recordarte que debes ser flexible, pues es la clave para no dañarte tan fácilmente, soportar mucho mejor la presión y adaptarte al momento presente.

Suelta la rigidez y fluye natural, adáptate a nuevos cambios y búscales el objetivo de evolución y crecimiento interior que traen consigo.

Es necesario practicar la elasticidad mental y corporal para mantenerte sano.

Son la base de la evolución humana la capacidad de adaptación al medio y la flexibilidad ante la vida.

Laura Casado

19.

¿ESTÁS SIMPÁTICO O PARASIMPÁTICO?

"Con la meditación, se practica la resurrección en cada instante. Es la práctica de vivir el presente. No hay que perderse en el pasado ni en el futuro. El único momento en que se está vivo y se puede tocar la vida es el momento presente, el aquí y ahora".

Thich Nhat Hanh

Tenemos un sistema nervioso preciso que se divide en dos, se encarga de regular y armonizar de forma autónoma todos los actos involuntarios que suceden en el cuerpo. Cada proceso está supervisado por un sistema u otro. Estos se denominan sistemas simpático y parasimpático.

Aunque pareciera tema de simpatía, nada tiene que ver, pero sí de estados relajados o activos.

Quiero contarte más acerca de su importancia, te servirá para fluir con ellos y ayudarte a controlar diferentes estados físicos y emocionales.

El sistema nervioso autónomo es la parte del sistema nervioso que controla y regula los órganos internos.

Controla funciones automáticas como, por ejemplo, los latidos del corazón, la digestión, la respiración, el sudor, la presión arterial... etc.

Así, la mayoría de órganos están controlados por el sistema nervioso simpático y parasimpático.

A veces, ambos tienen efectos opuestos en el mismo órgano, están dispuestos para garantizar que el cuerpo responda adecuadamente a diferentes situaciones.

Por ejemplo, el sistema nervioso simpático prepara el cuerpo para situaciones que requieren estado de alerta o fuerza, como situaciones de temor, ira o vergüenza; en conclusión, las que tienen que ver con lucha o huida.

Para ello, la médula suprarrenal es activada para liberar adrenalina o noradrenalina, lo que, a su vez, aumenta el metabolismo celular y estimula al hígado para que libere glucosa en la sangre.

Las glándulas sudoríparas se preparan para producir sudor, además, el sistema simpático reduce la actividad de otras funciones que son menos importantes en casos de emergencia, como la digestión y la micción. Este sistema entiende que, en casos de huida o lucha, lo menos importante es comer, sino huir del peligro.

Por otro lado, el sistema nervioso parasimpático actúa de forma opuesta y está activo para llevar a cabo una buena digestión y descanso. Estimula la producción de enzimas digestivas y procesos de micción y defecación.

Reduce la presión arterial y la frecuencia cardiaca o respiratoria, y conserva la energía mediante la relajación y el descanso.

¿No te parece superinteresante?

Es alucinante entender cómo funcionas de forma autónoma, te aclara muchas cosas.

Dependiendo de los pensamientos que permitas, te generarán un sentimiento u otro, y este activará a nivel físico un comportamiento de tu sistema nervioso.

Si te dejas afectar por pensamientos negativos de ira o rabia hacia determinada circunstancia, activarás tu sistema nervioso simpático. Por el contrario, si tu pensamiento es alegre, positivo y relajado, aparecerá tu sistema parasimpático, permitiéndote estar más sosegado y tranquilo.

Hay muchas técnicas para activar tu sistema parasimpático y conseguir relajarte y descansar adecuadamente.

Debido al sistema de estrés diario, muchas personas sufren, es su exceso de responsabilidad el que les lleva a este estado. Es necesario realizar actividades que te relajen y te conecten en parasimpático, por salud mental y corporal.

En este caso, hay que activar el nervio vago, es el más largo y complejo del cuerpo, conecta el cerebro a muchos órganos importantes de todo el cuerpo (estómago, intestinos, corazón, pulmones...).

La activación del nervio vago puede mejorar tu salud y fortalecerte las defensas frente al estrés. Dado que una de las muchas funciones de este nervio es actuar como un interruptor para la inflamación, una actividad baja en él conduce a inflamaciones crónicas.

Por ejemplo, estreñimiento, depresión, diabetes, desórdenes de ansiedad, dificultad para tragar, ronquera, migrañas... una larga lista.

Queda claro que es muy importante tomar consciencia, mantener activo la mayor parte del tiempo a tu sistema parasimpático y al nervio vago, para estar sano y vital.

Algunos ejercicios y terapias ayudan a estimularlo, por ejemplo:

- Cantar solo o con otras personas.
- Meditar.
- Hacer yoga.
- La acupuntura.
- La reflexología.
- La terapia neural, entre otras muchas.

Hay estudios recientes que avalan cada una de estas técnicas, comprobadas para activar o modular al nervio vago.

Otra de las técnicas que ayuda es **disfrutar de relaciones sanas**, se sabe que las personas con un mejor tono vagal (mayor activación de nervio vago) son más altruistas y tienen relaciones más cercanas y armoniosas.

Esto se debe a la liberación de oxitocina, una hormona denominada *molécula de conexión*, porque promueve la unión.

Existen ejercicios prácticos que también te ayudarán a devolverte la calma en momentos de necesidad:

- Posición corporal correcta: nuestra espalda tiene que estar alineada con nuestro cuello, y procurar mantener las curvaturas cervicales y lumbares de forma fisiológica.
- Respiración lenta y profunda: dedica diariamente de 5 a 10 minutos a esta práctica. Sién-

tate de forma relajada, coloca las manos sobre el diafragma y observa cada inspiración profunda y expiración, observando cómo se mueven las manos con cada inhalación.

- Procedimiento de salivación: dedica de 3 a 4 minutos diarios a su práctica, sitúa la lengua en la base de la boca, comprobarás que su posición es correcta si tu musculatura facial está relajada, acaricia con la punta de la lengua suavemente entre la encía y la parte posterior de los dientes inferiores, notarás cómo comienzas a salivar.

Estos tres ejercicios te relajarán y mantendrán activo tu sistema parasimpático.

Estás adquiriendo herramientas que debes utilizar para cuidarte, es necesario para tener una vida relajada y saludable.

Es importante conocer tu sistema nervioso y saber cómo lo puedes ayudar a cumplir adecuadamente con sus funciones.

Dominar tus pensamientos es fundamental para controlar la activación de tu sistema nervioso autónomo.

Estar relajado y feliz también es posible, conociéndote mejor y ayudándote con diferentes ejercicios y terapias.

Laura Casado

20.

HACES LAS PACES

"Cuando nos sentimos responsables, implicados y comprometidos, experimentamos una profunda emoción, un gran valor".

XIV Dalái-lama

Qué paz interior sientes cuando, por fin, reconoces que eres dueño y responsable de tus actos, que nada de lo que pasa o te ocurre depende de otros.

Te liberas al reconocerlo y, a la vez, adquieres un grado elevado de responsabilidad contigo mismo.

Puede que hayas nacido bajo unas circunstancias u otras, pero depende de cómo tú las enfrentes y decidas vivirlas, para que tengas un resultado u otro en tu vida.

Es liberador mirarte al espejo y poder decirte: "Soy una creación perfecta, todo lo que veo es una obra maravillosa, merezco lo mejor".

En el momento en que entiendes el valor que tienes, es cuando te haces responsable de dirigir esta bella obra de arte, cuidándote y mimándote como es debido.

Si te fijas, la mente es programable y depende de cómo le hables y qué le digas para que vea una cosa u otra.

Gracias a mi profesión, he podido compartir con mujeres y hombres de todas las edades sus experiencias o estados de ánimo, y puedo decir que no depende en absoluto de la belleza real que tenga esa persona, sino de cómo su mente la vea.

Partiendo de que todas las personas tienen una belleza propia que las hace únicas y diferentes, hay personas que, por motivos distintos, han llegado a la conclusión de que no son bonitas y necesitan mejorar mucho, para sentirse cómodas con ellas mismas.

Esto no proviene de la realidad física, sino de la película que se han creado mentalmente.

Siempre me ha asombrado sobremanera la terapia tan potente que es, para una persona con autoestima baja, cualquier tratamiento estético. Estoy segura de que, por esto, me resulta tan gratificante mi trabajo, el poder ayudar a salir de un estado mental de falta de valoración a otro de seguridad en sí misma.

Ha llegado el momento de que te cuentes la verdad, hagas las paces con tu espejo y te mires con los ojos adecuados. Des infinitas gracias por la obra de arte tan maravillosa que ves.

Amarte tal cual eres, pues eres único y especial, quererte y cuidarte como te mereces. Basta de decirte mensajes erróneos de no ser suficiente, eres mucho más de lo que crees ver.

Eres una bella obra de arte, única y especial, mírate al espejo y dirígete hacia ti mismo con palabras bonitas, es tu responsabilidad amarte y cuidarte como mereces.

Laura Casado

21.

LIMPIANDO FILTROS

"Dejar ser, dejar crecer;
dejar ser, no acaparar;
mantener, no someter.
Cuidar la vida, no hacer morir".

Lao-Tse

Una vez tienes claro que tienes que cuidarte correctamente, empiezas a aplicar buenos hábitos en tu vida, de descanso, alimentación, ejercicios saludables, control del sistema nervioso, pensamientos positivos, mensajes correctos...

Sabes que tienes un vehículo que es tu cuerpo y tienes que cuidarlo. Haz de empezar por limpiar correctamente sus filtros.

Estos son los pulmones, riñones, hígado, intestino y la piel.

Son los que se encargan de filtrar cualquier sustancia líquida, sólida o gaseosa que entra en tu cuerpo.

Tal cual le pasaría a los filtros de un coche, que se ensucian y hay que limpiarlos, e incluso cambiarlos por otros nuevos; en tu cuerpo tienes que mantenerlos óptimos y cuidarlos mucho, porque aquí es poco probable que los puedas sustituir por otros.

Es de vital importancia para mantener una correcta salud que hagas, de vez en cuando, procesos de limpieza. Puedes consultarlo con tu médico, pero también hay acciones que puedes llevar por tu cuenta, con remedios naturales y muy efectivos.

Por supuesto que ensuciarlos adrede queda totalmente eliminado, como por ejemplo fumar, es un hábito nefasto, sin ninguna lógica o sentido común, ¿acaso tú ensuciarías adrede los filtros de tu coche? No creo...

Pues es mucho más grave ensuciar tus propios pulmones, que no tienen posibilidad de sustitución, ¿no te parece?

Así que, dejando posibles excusas, hay que decirse la verdad y buscar alternativas para solucionar y corregir malos hábitos.

Te explicaré algunos remedios naturales que te servirán para mantener tus filtros óptimos.

Para ayudar a los **pulmones** contra las radicales libres, puedes ingerir grandes cantidades de vitamina C, en frutas como la naranja, el kiwi o pomelo, al menos 150 ml al día.

La vitamina A, con el potente betacaroteno, ayuda a eliminar las sustancias nocivas que se encuentran en los pulmones, la puedes ingerir a través de alimentos como la zanahoria, la remolacha, calabaza o tomate.

La vitamina E ayuda en la regeneración de los pulmones, la puedes encontrar en las almendras, el tomate, entre otros muchos.

La vitamina B6 es muy beneficiosa para los pulmones, la encuentras en patatas, plátanos, cereales integrales, pescado y otros.

Realmente, a través de la buena alimentación, la ingesta de estas vitaminas y practicar ejercicio aeróbico ayudan a mantener sanos tus pulmones.

Para ayudar a tu **hígado** a mantenerse saludable, puedes consumir zumo de limón, pomelo, extracto de alcachofa, diente de león, cardo mariano o boldo.

Pero es igual de importante suprimir los alimentos o bebidas que tomas elaborados con azúcar refinada y grasas saturadas. Puedes cambiar el consumo de bebidas azucaradas por agua con rodajas de limón, pepino, naranja o hierbabuena, es una buena alternativa.

También puedes incorporar batidos antioxidantes y depurativos por la mañana o a media tarde. Te indico algunos que pueden ayudarte, además de ser muy saludables en general:

BATIDO 1.

1 naranja

1 limón

1 apio

1 ramita de perejil

Diente de león

BATIDO 2.

1 limón

1 manzana

1 apio

1 porción de hoja verde (espinacas, canónigos, etc.)

BATIDO 3.

1 remolacha

1 zanahoria

1 ramita de perejil

Es importante cuidar y limpiar tu **intestino**, para hacer una buena digestión y eliminar toxinas.

En muchas ocasiones, la falta de movilidad intestinal o mala evacuación de heces puede producir dolores de cabeza, baja energía, fatiga crónica, calambres, reacciones alérgicas.

Si no tienes una evacuación por día, eres un candidato para llevar a cabo una limpieza de colon, pues necesitas una buena nutrición.

Tienes que evitar consumir alimentos envasados, comidas rápidas, jarabes altos en glucosa (bebidas azucaradas), condimentos químicos, aceites hidrogenados; pues el consumo de estos conllevará a una inflamación intestinal y, por tanto, una falta de absorción de nutrientes.

Te indico algunos alimentos que necesitas consumir con regularidad:

- Zumos y sopas verdes, contienen enzimas vivas que favorecerán al buen funcionamiento intestinal, además, activan el sistema parasimpático y, con ello, la buena digestión.
- Alimentos ricos en fibras estimulan los movimientos intestinales como, por ejemplo, la ha-

rina de avena, la avena, legumbres, hojas verdes, frutas.

- Elementos fermentados que contienen probióticos, como el yogur, los pepinillos, el vinagre de sidra de manzana.

- Semillas de lino y chía, contienen omega 3 y tienen un efecto antiinflamatorio.

También es importante mantenerse alejado del trigo, pues este, en muchas ocasiones, produce inflamación intestinal.

Para mantener óptimos los **riñones**, que son unos de los filtros principales y retenedores de vitaminas como la D, es clave la hidratación.

Realmente, el cuerpo entero necesita del agua para hacer un correcto proceso celular de filtrado y limpieza. Al menos, el consumo regular de cuatro vasos diarios es el mínimo recomendable por muchos doctores.

También se pueden utilizar hierbas en infusión, para mejorar la función renal como, por ejemplo:

- Cola de caballo.
- Diente de león.
- Enebro.
- Uva ursi (está reconocida por amplios estudios a nivel mundial para mejorar la salud renal).
- Espino.

El zumo de limón es increíblemente sanador para todo el cuerpo, para los riñones es altamente potente, pues ayuda en la disminución de formación de piedras de calcio.

Los limones son unos de los alimentos más ácidos del planeta, pero, a su vez, los que más alcalinizan el cuerpo.

Tomar por la mañana, en ayunas, un vaso de agua tibia con zumo de limón es increíblemente beneficioso para la salud.

También las frutas antioxidantes, como arándano azul y rojo (*cranberry*), frambuesas, fresas negras; son muy beneficiosas para los riñones y vías urinarias.

El zumo de apio es también muy saludable, es una increíble verdura, reduce el ácido úrico, estimula la producción de orina y ayuda a combatir infecciones urinarias.

La **piel** es uno de los órganos más grandes del cuerpo, y es el encargado de expulsar residuos metabólicos y tóxicos al exterior a través del sudor, al igual que filtrar sustancias del exterior.

Para mantenerla en estado óptimo es fundamental que bebas mucha agua, para la limpieza de estos desechos.

Además, existen alimentos como el té verde, que aporta un gran poder antirradical libre, o el aloe vera, con un poder increíble de limpieza, aporte antiinflamatorio y de elasticidad para la piel.

En la naturaleza existen muchos alimentos que nos ayudan para estar supersaludables, que nos limpian y regeneran filtros internos y externos.

Ya no tienes excusa posible para no cuidarte correctamente, así que es tu momento, impleméntalos en tus hábitos alimenticios diarios y empieza ya a depurarte.

> Es fundamental, para tener una vida saludable y vital, que conozcas los alimentos para limpiar tus principales filtros y los mantengas óptimos, para que puedan realizar sus funciones correctamente.
>
> Laura Casado

Te sigo contando más cosas interesantes para alimentarte correctamente y estar supersaludable... de esto depende que vivas una vida dichosa y feliz.

22.

ELIGES TU COMBUSTIBLE

"Que tu alimento sea tu medicina".
Hipócrates

Al igual que cualquier vehículo necesita su combustible para funcionar, tú necesitas el tuyo.

Tienes un sistema tan perfecto e inteligente que, aunque le des un mal combustible, intentará mantenerte lo mejor posible con aquello que le des.

Es evidente que no podrá trabajar correctamente sin la nutrición adecuada, y será solo cuestión de tiempo para que se agote y deje de funcionar.

Cuando valoras la máquina tan precisa que tienes, es cuando escoges correctamente los alimentos y bebidas que ingieres.

La diriges por el camino adecuado, le aportas los nutrientes e hidratación necesaria y la proteges de sustancias nocivas.

Como ya sabes, el agua es fundamental para cualquier proceso interno o externo de tu cuerpo, somos de un 70 a un 80 % agua, todos los órganos requieren grandes cantidades para cumplir sus funciones.

Los alimentos son los encargados de aportar todos los nutrientes que requiere cualquiera de tus células para funcionar, fabricar energía y llevar a cabo su trabajo diario.

Dentro de tus células existen unas fábricas de energía llamadas Mitocondrias. Son orgánulos celulares que actúan como centrales energéticas de tus células y sintetizan ATP (Adrenosin trifosfato).

El ATP es energía celular, abastece a tus músculos y órganos para que puedan funcionar correctamente. Para poder ser fabricado requiere diferentes ingredientes a los que llamamos carburantes metabólicos, como son la glucosa, ácidos grasos y aminoácidos.

Te daré más información sobre estos carburantes tan importantes y que necesita tu célula para fabricar energía:

1) **La glucosa** es un monosacárido que se encuentra en la miel, la fruta y la sangre de los animales. Es necesaria para la fabricación del ATP. Pero, en niveles óptimos, una elevación en sangre puede producir muchos problemas de salud.

2) **Los ácidos grasos** son biomoléculas constituidas por lípidos. Son parte importante de tu dieta, pero hay unos más saludables que otros, es mejor escoger los de origen vegetal que los de origen animal.

Entre los alimentos que contienen ácidos grasos insaturados, que son los más beneficiosos para tu salud, se encuentran el aguacate, los frutos secos, los aceites vegetales (de maíz, soja y algas), también el salmón y el arenque.

Los ácidos grasos esenciales los encuentras en el omega 3 y omega 6.

Alimentos que contienen **omega 3:**
- Salmón.
- Trucha de río.
- Caballa.
- Arenque.
- Sardinas.
- Atún.
- Mariscos.
- Aceite de soja.
- Aceite de canola.
- Las nueces.
- La semilla de linaza.

Los alimentos ricos en **omega 6** son:
- Aguacates.
- Legumbres.
- Semillas.
- Frutos secos.
- Aceite de girasol.
- Aceite de maíz.
- Aceite de soja.

Son necesarios para el desarrollo muscular y la buena salud.

Previenen afecciones cardiacas, reducen la presión arterial en personas con hipertensión, entre otras.

3) **Los aminoácidos** son compuestos orgánicos que se combinan para formar proteínas, las cuales son indispensables para tu organismo.

Existen cerca de 250 aminoácidos, de los cuales 20 se consideran importantes para el correcto funcionamiento de tu organismo. Se dividen en dos:

- **Esenciales:** son los que no produce el cuerpo y hay que ingerirlos a través de los alimentos.
- **No esenciales**: son los que sí produce naturalmente el cuerpo.

Los encuentras en cualquier alimento con alto contenido en proteínas, como, por ejemplo, la leche, la carne, el pescado, legumbres, frutos secos.

Uno de los alimentos más completos en aminoácidos es el alga espirulina, se encuentran aminoácidos esenciales como isoleucina, leucina, metionina, fenilalanina, treonina, triptófano, vallina.

Además de estos carburantes metabólicos, existen otras sustancias de las que habrás oído hablar, como son las vitaminas y los minerales.

Las **vitaminas** son catalizadores en las reacciones químicas del cuerpo, provocando la liberación de energía. Son indispensables para el buen funcionamiento del organismo.

Te hablaré un poco más sobre ellas y en qué alimentos las puedes encontrar. Se dividen en dos grupos, las hidrosolubles y liposolubles.

1) **Las vitaminas hidrosolubles:** son las que se disuelven en el agua, pertenecen a este grupo la vitamina C, las B1, B2, B3, B6 y B12.

Su almacenamiento en el cuerpo es mínimo, por lo que hay que ingerirlas habitualmente en la dieta. En la actividad física se produce una gran cantidad de reacciones metabólicas en las que estas vitaminas están implicadas; por lo tanto, tienes que asegurarte de ingerir bastante cantidad de ellas, pues, si no, enseguida las tendrás en carencia y te puede llevar a grandes trastornos.

Te indico algunos alimentos donde las encuentras:

- **Vitamina C:** naranjas, pomelos, limones, patatas y verduras.

- **Vitamina B1** (tiamina): carne, yema de huevo, levadura, legumbres secas, cereales integrales, frutos secos.

- **Vitamina B2** (riboflavina): hígado, queso, carnes, leche, huevos y legumbres.

- **Vitamina B3** (niacina): hígado, carnes en general, pescado, arroz, pan integral, setas frescas, dátiles, melocotones y almendras.

- **Vitamina B6**: levadura, harina integral, huevos, hígado, pescado, frutos secos, patatas, espinacas y legumbres.

- **Vitamina B12**: hígado, riñones, pescado, huevos, queso, almejas.

2) **Vitaminas liposolubles:** el organismo las almacena en los tejidos, el hígado y la grasa. Son las vitaminas A, E, D y K; son solubles en los cuerpos grasos, el cuerpo puede almacenarlas fácilmente. Puedes encontrarlas en algunos alimentos, te indico algunos:

- **Vitamina A**: hígado, queso, zanahoria, verduras, albaricoque, caqui, melocotón y melón.
- **Vitamina D:** pescado, yema de huevo, leche y productos lácteos.
- **Vitamina E**: aceite de semillas, espinacas, lechuga y otras verduras.
- **Vitamina K**: espinacas, coles, tomates, guisantes, hígado, huevos.

Los **minerales** son elementos naturales no orgánicos, los necesitas para mantener el buen funcionamiento del cuerpo y garantizar la formación de los huesos, regulación del ritmo cardiaco y la producción de hormonas, entre otros. Hay diferentes tipos de minerales, se dividen en dos: los macrominerales y los oligoelementos.

1) **Macrominerales**: los que necesita el organismo en cantidades más grandes, son el calcio, fósforo, magnesio, potasio, azufre, cloro y sodio. Los puedes encontrar en los siguientes alimentos:

    - **Calcio**: lácteos y derivados de los lácteos, en hortalizas de hojas verdes, repollo, brócoli, col rizada, nabos, salmón, sardinas, frutos secos como las almendras o semillas de girasol, legumbres secas, entre otros.
    - **Magnesio**: en vegetales, en frutas como el albaricoque, frutos secos, legumbres, cereales, tofu.
    - **Fósforo:** en productos proteicos como la carne, la leche o en otros productos como los cereales y el pan integral.

- **Potasio:** en verduras como la espinaca, las uvas, las moras, zanahorias, plátanos, patatas, naranjas.

- **Azufre:** en el queso, las legumbres, cebolla, ajo, frutos secos, carne roja.

- **Cloro:** de la sal de cocina, algas marinas, lechuga, tomates, aceitunas, centeno, apio.

- **Sodio:** cloruro de sodio, más conocido como la sal común.

2) **Oligoelementos:** son minerales que el organismo requiere en pequeñas cantidades. Los principales son el hierro, manganeso, cobre, selenio, yodo, cobalto, cinc y flúor. Tanto el exceso como la falta pueden tener consecuencias graves para tu salud. Los encuentras en los siguientes alimentos:

- **Hierro:** carne roja, legumbres, salmón, atún, frutas deshidratadas, los huevos, las ostras, cereales.

- **Manganeso:** en las nueces, el té, las legumbres, las semillas, las verduras de hoja verde, cereales integrales.

- **Cobre:** marisco, legumbres, las nueces, patatas, verduras de hoja verde, frutas deshidratadas.

- **Selenio:** en la carne, leche, derivados lácteos, pan, cereales, marisco.

- **Yodo:** atún, bacalao, marisco, lácteos, cereales, sal común, frutas y vegetales.

- **Cobalto:** almejas, pescados, quesos, carne roja, cereales integrales, frutas como la pera y las cerezas, legumbres, avellanas, nueces, entre otros.
- **Cinc:** carne de cerdo y cordero, legumbres, levadura, nueces.
- **Flúor**: en el té, café, pescado, marisco, espinacas, col.

Ahora estás más preparado para escoger bien qué alimentos tomar y cómo ayudas a tu cuerpo a funcionar a la perfección.

Es tu responsabilidad dirigir bien tu micromundo interior y evitar enfermedades y fatigas.

Te mereces vivir una vida agradable, llena de energía y vitalidad.

Ya sabes que no existen secretos, el estar sano depende de ti.

¿Qué combustible piensas escoger para tu vehículo?

> Eres el resultado de lo que comes y bebes, es tu responsabilidad alimentar correctamente al micromundo que diriges. Escoge bien tu combustible, no tienes más que un vehículo para toda tu vida.
>
> LAURA CASADO

23.

ME OCUPO

"El que se agita, no actúa bien;
el que sabe actuar, no se agita".

Feng Menglong

Es muy necesario salir del mal hábito de preocuparte por todo, y empezar a ocuparte de ti mismo y de los problemas que puedan surgir diariamente.

Existe una gran diferencia entre preocuparse y ocuparse. Si te pasas el día preocupándote, estás viviendo en el miedo continuo, te frenará y no te dejará resolver nada. En cambio, si te ocupas, no tendrás tiempo de atender a tus miedos y te dedicarás a encontrar soluciones para el mal que te aqueja.

Si es un problema derivado de la salud, pues ocúpate en aprender cómo funcionas interiormente y cómo te puedes ayudar, de manera eficaz y siguiendo las indicaciones de tu cuerpo.

Si el problema es de otra índole, por ejemplo, económico, debes ocuparte en conseguir los recursos necesarios para solucionarlo, bien sea estudiando y preparándote en *marketing* y ventas, o bien encontrando una nueva ocupación que mejore esta área. Si tu problema es de control financiero, aprende a manejar tu dinero y economía, busca los libros, cursos o demás estrategias para conseguir solucionarlo.

Si el problema te viene a nivel de relaciones, ocúpate en averiguar cómo mejorarte a ti mismo, en rodearte de personas que te aporten en positivo, en aportar lo mejor de ti a los demás.

¿Te das cuenta de que da igual el problema que te surja?

Siempre tendrás dos opciones: preocuparte y dejarte arrastrar por tus miedos, u ocuparte y encontrar la solución dejando los miedos atrás.

En muchas ocasiones, te vendrá muy bien pasar a papel todos los pensamientos que te rondan acerca de una situación.

Hazlo fríamente, escribe el problema que te aqueja y, a continuación, la lluvia de ideas para solucionarlo. De todas ellas, ve sacando lo positivo que te ofrecen y lo negativo que les encuentras. Al final, podrás sumar qué número te da como resultado cada una de ellas, y lo tendrás claro para decidirte rápidamente por una solución u otra.

Una vez decidido, se fue la incertidumbre y el malestar, porque sabes el camino y te pones manos a la obra para solucionarlo.

Recuerda que tus peores enemigos no son los problemas, son la pereza y los miedos.

Así que coge tus herramientas de constancia y perseverancia, y a por ello.

NO EXISTE PROBLEMA SIN SOLUCIÓN.

> Deja de preocuparte y frenar tu desarrollo, empieza a ocuparte en encontrar la solución.
>
> LAURA CASADO

24.

TRATO HECHO

"El principal método para superar los males de la sociedad es la autodisciplina en la vida personal, por la cual nos esforzamos por dominarnos a nosotros mismos; es muy difícil imponer una disciplina desde el exterior".

XIV Dalái-lama

La vida se trata de un trato continuo contigo mismo, cada acción que llevas a cabo ha sido previamente pactada y autorizada por ti.

El que decidas abandonarte, comer alimentos poco saludables, ir poco aseado, u otras muchas cosas, es un modo de proceder totalmente autorizado por ti.

Cuando reconoces quién eres y decides darte el valor que mereces, empiezas a cuidarte desde el sentimiento de amor que sientes por tu bella obra.

Aquí haces un nuevo trato contigo mismo y marcas unas nuevas reglas de conducta, de alimentación, de actividad o de aseo.

Pero, para llevar a cabo tu nueva decisión, tendrás que ser constante hasta adquirir estos nuevos hábitos, por tanto, debes hacer un pacto contigo mismo, como si de un contrato se tratase.

A nivel mental conseguirás visualizarlo mucho mejor si lo haces por escrito y lo firmas.

Es muy eficaz, pues es la manera de hacer un pacto real para tu mente: estamos programados por nuestro sistema para cumplir unas leyes de convivencia, y todos los acuerdos entre dos partes son firmados y obligados a cumplimiento.

Por tanto, tienes que hacer un contrato entre tu "yo auténtico" y tu mente, para que te sientas obligado a cumplirlo. Será un sistema eficaz para conseguir llevar a cabo esos cambios que crees necesarios para vivir en tu máximo potencial. Debes de ser íntegro y, si lo firmas, debes llevarlo a cabo sin demoras ni pretextos.

Detecta qué áreas y qué hábitos diarios te han llevado a no expresarte como te gustaría. Después, construye tus nuevos hábitos, los que crees necesarios para llevar a cabo tu plan de mejora.

Te pongo un ejemplo que podrás cumplimentar:

Yo, _____, acuerdo con mi mente incorporar a mi vida los siguientes hábitos:

_____
_____
_____
_____
_____
_____
_____
_____

No será negociable, el incumplimiento de ellos conllevará a grandes dosis de dolor y sufrimiento.

Es un contrato que firmamos de mutuo acuerdo, por el bien común y el único propósito de ser feliz y vivir en mi máximo potencial.

Con mucho amor,

Fdo. Mente   Fdo. "Yo auténtico"

Es importante que te comprometas de verdad, tienes que ser honesto contigo mismo y cumplirlo, aunque haya momentos en los que te apetezca volver a los anteriores hábitos, tienes que ser perseverante, te supondrá un esfuerzo extra acostumbrarte a lo nuevo, pero la recompensa será increíble, sentirte genial contigo mismo y experimentar a cada minuto la felicidad interior.

> Tienes que pactar contigo mismo unos nuevos hábitos que te dirijan a expresarte en tu máximo potencial, redactar un contrato y llevarlos a cabo con integridad son el anclaje perfecto para conseguir lo que te propongas.
>
> Laura Casado

25.

AMPLIANDO CONOCIMIENTOS

"Nociones como mi nación, tu nación, mi religión, tu religión, se han vuelto secundarias. Al contrario, es preciso insistir en el hecho de que el otro vale tanto como nosotros. ¡Eso es humanidad! He aquí por qué debemos reconsiderar nuestro sistema educativo".

XIV Dalái-lama

Una de las principales necesidades del ser humano es aprender y evolucionar.

La ignorancia es la enemiga del hombre. Es la que te hace repetir todo lo que ves a tu alrededor, sea bueno o malo, y a no cuestionarte nada.

Eres sometido por el programa que te marcan, sin darte cuenta, terminas vistiendo, comiendo y haciendo lo que hacen las personas de tu alrededor.

Es bonito unirse a grupos de gente que tenga gustos similares o aficiones compartidas. Al final, es una necesidad del ser humano compartir con los demás, dar y recibir amor de tu entorno, pero esto no implica no tener tus propios conocimientos, saber qué te parece correcto y qué no tanto, determinar cómo quieres representarte y cómo sientes que debes vivir.

Es tu experiencia de vida, debes escoger bien, ser y hacer lo que por propósito viniste, desarrollarte en tu mejor versión y máximas capacidades; para ello, es necesario que aprendas y te nutras de conocimientos que otras personas comparten en el mundo entero.

Te inundes de sabiduría de otras culturas, sepas cómo estás diseñado y cómo funcionan tu mundo interior y exterior.

A lo largo de los años, han ido transmitiéndose muchos conocimientos de diferentes culturas y personas que han dejado su legado a través de sus libros.

Siempre me fascinó el poder que tiene un libro de transportarte a una determinada época, poder imaginar qué ocurría en aquel lugar, adquirir los conocimientos de esta zona o la forma de vivir tan diversa.

¿No te parece fascinante poder aprender, de cualquier tema que te resulte interesante, sin moverte de casa o disfrutando de buenas vistas frente al mar?

Miles de maestros a lo largo de la historia, profesionales de todas las áreas, personas con muchas experiencias vividas, te enseñan sus conocimientos y aprendizaje, tú tienes el privilegio de tenerlos en tus manos y llenarte de su sabiduría, tener su perspectiva de la vida y nutrirte con todos esos conocimientos... ¡qué pasada!

Es una de las mejores fórmulas para salir de la ignorancia y poder decidir, con conocimiento de causa, cómo vivir tu gran experiencia, es tu responsabilidad dirigir correctamente tu micromundo interior y aprender cada día más de él.

Una de las mejores formas de cuidar tu mente y, con ello, al conjunto, es aprendiendo el máximo y siendo libre para elegir cómo vivir.

> Es una necesidad aprender y adquirir conocimientos.
>
> La mejor manera de cuidarte es combatiendo la ignorancia, ayudándote de personas de todo el mundo a través de sus libros y nutrirte de sus aprendizajes.
>
> Laura Casado

Todo crecimiento interior viene acompañado de un esfuerzo por ser mejor con uno mismo y con los demás, requiere de trabajo continuo, pero todos los días no serán iguales, ni tendrás el estado emocional o la energía necesaria.

Te daré trucos que van muy bien para combatir eficazmente los días de bajón...

26.

PARA LOS DÍAS DE BAJÓN

"La vida es un movimiento. Cuanta más vida, más flexibilidad. Cuanto más fluido eres, más vivo estás".

Arnaud Desjardins

No debes preocuparte en absoluto cuando tienes un día de bajón, tienes grandes sistemas interiores: hormonal, digestivo, emocional, energético...

Trabajan a la perfección, pero en ocasiones se ven afectados por las circunstancias de alrededor o de sus propios biorritmos.

En estos casos, puedes asumir que forma parte de lo normal y esperar a que pase y mejore todo al día siguiente... o no, también puedes ocuparte de subir los niveles energéticos, emocionales y ayudar a tu sistema digestivo y hormonal.

Claro que es lícito tener un día de bajón, es tu decisión aceptarlo como tal o, por el contrario, decidir prestarte más atención, con mil amores detectar de dónde viene ese mal que te aqueja y darle una ayudita, por ejemplo:

- Si la noche anterior tenías cena familiar o con amigos, **comiste o bebiste en exceso y no muy correcto**, es lógico y normal que te levantes falto de energía e, incluso, con dolor de cabeza.

Esto viene de tu sistema digestivo, ha trabajado toda la noche y ha recibido nutrientes de baja calidad o innecesarios para tu sistema. Has creado, por tanto, más desechos metabólicos y ahora tendrás que prestarle ayuda, ahí va un buen consejo en este caso: prepárate un vaso de agua natural, exprime un limón y ponle una cucharadita de bicarbonato. Tómatelo antes de ingerir ninguna otra bebida o alimento, y déjalo por 15 minutos actuar.

Te explico la lógica de este remedio: cuando bebes o comes alimentos poco saludables, tu sistema interno se acidifica, es necesario contrarrestar este exceso de acidez y volverlo alcalino, que es el medio óptimo donde tus células trabajan correctamente.

También puedes tomar, en ayunas, una ampolla de extracto de alcachofa, existen diversas marcas que tienen diferentes plantas y extractos que favorecen la digestión, ayudan al hígado en sus funciones de depuración. Ten en casa una cajita a mano.

- Si el día anterior consumiste mucha energía, bien por **mucho ejercicio físico** o por **exceso de trabajo,** y **no dormiste en tu horario o pocas horas** por cualquier motivo, tus baterías internas y tu sistema hormonal no se restablecieron correctamente.

Esto te ocasionará, al levantarte por la mañana, una gran falta de energía. Aunque lo correcto es respetar tus horas de sueño, te daré algunos consejos que pueden ayudar en este día.

Prepárate un buen batido verde y un zumo o pieza de fruta cítrica, como naranja, pomelo o kiwi. Esto subirá los niveles de vitaminas y minerales, sentirás una buena inyección de energía.

También puedes optar por un suplemento de vitaminas, minerales y guaraná.

Estírate correctamente, haz yoga y ponte una música que te eleve energéticamente. Intenta que sea una música que te permita bailar o cantar.

Date una ducha tibia y, al final, pon el agua fría, esto elevará tus termorreguladores.

Utiliza la aromaterapia, el romero es muy energético, aplica una gota en la zona de las muñecas.

- Si la energía te bajó y es debido a **emociones descontroladas**, te recomiendo que pases tu mano por la cara y borres tu preocupación, seguidamente te centres y focalices en tu objetivo. Si lo has perdido momentáneamente, recuérdalo, es "Ser feliz", todo lo que esté mal tendrás que eliminarlo o modificarlo. Puedes recurrir al primer libro de la trilogía, **Ámate, eres único y especial**.

Aplícate, en el plexo solar, esencias naturales. Si tienes rabia y estás enfadado, una gotita de lavanda te irá muy bien; si, por el contrario, estás muy sensible y triste, aplícate sándalo.

Hay muchas otras esencias que puedes utilizar para equilibrar tu energía, las tienes en el capítulo de *Terapia efectiva*.

Si utilizas todos estos consejos, te aseguro que tu día mejorará considerablemente y te permitirá tener una buena jornada y aprovecharla.

Por cierto, un consejo general... no te olvides de reír y sacar tu lado cómico en todo lo que te acontezca, elevarás las endorfinas.

Las endorfinas son péptidos opioides que funcionan como neurotransmisores en el sistema nervioso central. Son producidas por la glándula pituitaria y el hipotálamo durante la excitación, el consumo de alimentos picantes, el chocolate, el enamoramiento y el orgasmo.

Actualmente hay estudios que demuestran que la risa y las relaciones sociales sirven para generar endorfinas, producen sensación de bienestar, alegría e, incluso, euforia.

Así que ya tienes mucha más información para producir endorfinas y ayudar a tu organismo a estar superenergético y feliz.

Para obtener salud y energía, tienes que mantener unos hábitos saludables diarios, pero no siempre es posible estar al 100 % en energía.

Para los días de bajón energético, tienes que utilizar tus comodines para elevarte y prestarle una ayuda a tu sistema.

LAURA CASADO

27.

OBJETIVO CLARO

"Ante una gran decepción, no sabemos si es el fin de la historia. Puede ser precisamente el inicio de una gran aventura".

Pema Chödrön

Es normal actuar erróneamente cuando no tienes el conocimiento correcto sobre tu propio organismo celular, cómo trabaja tu mente y qué importantes llegan a ser los hábitos diarios que adquieres.

Si te has dejado llevar o te has abandonado sin darte el valor que merecías, todo eso ya no importa, lo que cuenta es desde hoy, lo que hagas y decidas en este instante con visión hacia el futuro.

Ahora estás preparado para iniciar una nueva etapa de vida, donde tienes el control y ya no ignoras tus mecanismos, aunque con muchas más cosas por aprender, empiezas a tener más claridad sobre muchos temas importantes.

Es momento de marcarte objetivos en el área que quieres modificar o mejorar.

Es fundamental que no solo lo entiendas, lo leas y lo aprendas, sino que lo lleves a cabo.

No somos máquinas, somos seres humanos con sentimientos y emociones, y requiere que, diariamente, pongas en práctica lo aprendido para conseguir tener una vida muy feliz.

Siéntate por un momento y medita contigo mismo cuáles van a ser tus decisiones para cumplir con tus objetivos. Escríbelos en tu agenda diaria de planificación y empieza desde ya.

Libérate de miedos, perezas y de todo lo que te impida hacer lo que deseas.

Solo piensa qué quieres, cómo lo quieres, y actúa en consecuencia.

Recuerda que eres tú el único que puede cambiar las cosas dentro de tu mundo interior y exterior.

Eres el director de tu orquesta, el amo de tu vida.

¿Tienes ya tus objetivos claros?

¿A qué estás esperando?

¡Comienza!

Tu vida debe de ser como un viaje, planificas dónde vas, con qué medios y con qué objetivo.

Tener claridad es fundamental para conseguir tus metas.

Laura Casado

28.

EL QUE SIGUE LA CONSIGUE

"Este viaje de mil leguas empezó con un paso".
Lao-Tse

Personalmente, admiro a las personas perseverantes que respetan y se respetan, son consecuentes con sus deseos y no ceden en su empeño hasta conseguirlos.

Párate a observar a las personas de tu alrededor que han conseguido lo que se han propuesto, así les haya llevado años.

Te darás cuenta de que todas ellas cumplieron con una condición, ser perseverantes en lo que se propusieron. Con calma y aplomo, pero sin perder de vista el objetivo.

Es necesario que empieces a cuidarte, que lleves a cabo los objetivos que tengas que marcarte para conseguirlo, sigas y sigas hasta lograrlo.

De mis abuelos tengo un dicho popular que me recuerda mi madre a menudo: *con paciencia y una vara, hasta las verdes caen.* Ja ja ja, siempre me hizo reír la forma tan rudimentaria y clara de explicar un concepto como la perseverancia.

Está claro que es una de las mejores herramientas que posees. Todas las personas la tienen, pero depende del uso que le den y de lo que la desarrollen.

Pensar que no te dotaron de perseverancia es una excusa de tu mente, para mantenerte cómodo y poder aplicarte la ley del mínimo esfuerzo. Una ley que se basa en hacer el mínimo para conseguir sobrevivir, pero para nada se parece a la vida que te gustaría tener.

Toda vida de éxito personal y profesional requiere grandes dosis de esfuerzo y perseverancia, pero, a cambio, la recompensa es enorme. Todo se puede entrenar, haz de tener claro el tipo de vida que quieres vivir y lo que estás dispuesto a apostar para ello.

Si desde pequeño te inculcaron que es muchísimo mejor trabajar de forma constante y perseverante, para sacar buenas notas y dar tu máximo potencial, sería un regalo enorme para tu futuro; en vez de felicitarte por ser *inteligente*, por conseguir que, con poco trabajo y esfuerzo, aprobaras con notas medias tus estudios.

Cuando te haces mayor, te vuelves consciente de que no hay secretos para conseguir llegar a tus objetivos con buenos resultados, simplemente requiere esfuerzo y no sería difícil de llevar a cabo, pues ya lo tendrías integrado dentro de tus creencias y forma de vida.

Por esto, si tuviste la oportunidad de educarte en una familia con valores de trabajo y perseverancia muy definidos, ahora serás el tipo de persona que no le supone un sobresfuerzo conseguir lo que se proponga; de lo contrario, no te preocupes, todo se entrena y se consigue, tardes más o tardes menos, basta con decidirlo y adquirir un nuevo valor.

CUÍDATE, ERES OBRA DE ARTE

Ahora eres consciente del camino a seguir y, lo mejor de todo, que si tienes hijos o familia, les puedes regalar estos grandes aprendizajes y valores, porque así les estarás entregando algo muy importante para su futuro prometedor.

> El factor común que tienen las personas de éxito personal y profesional es la perseverancia.
>
> Seguir y no parar hasta conseguir los objetivos que te marques. Si no es un factor actual en tu vida, debes adquirirlo como tuyo en este mismo momento.
>
> Laura Casado

29.

TE ENCANTA LO QUE VES

"A menudo, ante el menor escollo, estrechamos nuestra visión".
XIV Dalái-lama

Después de un tiempo llevando unos nuevos hábitos sanos, comenzarás a verlo todo de manera diferente. Las mismas cosas que antes te parecían normales, e incluso no llegabas a ver, ahora cogen un brillo especial.

Eres más consciente de todo lo que sucede a tu alrededor y estás programado para sacarle lo bueno y bonito a la vida.

Te aseguro que ocurre, si en el momento actual no ves las cosas claras y te cuesta levantarte con energía y entusiasmo, evidentemente aún no lo estás haciendo bien.

No pasa nada, estás a tiempo, empieza hoy, coge tu nueva programación y, en pocos días, obtendrás resultados muy motivadores.

Tienes que recordarte, cada día, todas las cosas maravillosas que tienes y lo bonito que eres; la mejor forma de hacerte consciente de todo es escribiendo en tu libreta, al levantarte, pon la fecha del día que inicias y tus agradecimientos a la vida.

Esto es de las cosas que más energía inyecta: además de recordarte y hacerte consciente de todo lo que ya tienes, al valorarlo, te sentirás tan afortunado que la felicidad te subirá a altos niveles.

Una de las mejores formas de que tu mente cambie de perspectiva, cuando tienes tendencia a ver lo malo, es hacer este ejercicio escrito a diario. La repetición hará que crees nuevos patrones mentales.

Lo mejor de todo, te estás diciendo la verdad, recordando lo afortunado que eres por tener esta oportunidad de vida.

Abre los ojos y observa con detalle lo que ves hermoso a tu alrededor, pon tu mente en plan de búsqueda hacia todo lo bueno y bonito que sucede a tu alrededor, y contempla tu cambio.

Es increíble que, teniendo lo mismo, viviendo en el mismo lugar, e incluso con el mismo trabajo, la visión de la vida y de tu entorno cambia por completo. Esto te muestra que depende totalmente de la forma de verla desde tu mente.

Así que, a partir de ahora, uno de tus trabajos debe ser hacer de reportero de tu vida, ir buscando noticias buenas y constructivas que darte a ti mismo.

El indicativo que te confirmará que tu mente está bien reprogramada será decirte, de manera sincera: "Me encanta lo que veo".

Abre tu visión hacia lo positivo y constructivo que ves, reprograma tu mente y vivirás una vida preciosa.

LAURA CASADO

TERCERA PARTE:

REALÍZATE EN TU MEJOR VERSIÓN

30.

A TODO GAS

"Cuando queremos movernos o hablar, ante todo, es preciso examinar el propio espíritu, ponerlo en situación de estabilidad y luego actuar como es debido".

Shantideva

Se suele escuchar a menudo "La salud es lo más importante", y es correcto, sin salud, difícil lo tienes para poder hacer lo que deseas, se te estropea tu vehículo y te quedas sin transporte para vivir unas experiencias u otras.

Pero realmente, cada vez que se dice esta frase, no se es consciente del todo, está instaurada en el subconsciente por repetición y la soltamos sin esfuerzo.

¿Realmente crees que la salud es lo más importante?

Reflexiona algo, a lo largo del día, qué acciones realizas y qué estrés te permites en ellas, qué alimentos o bebidas poco saludables llegas a ingerir, qué tipo de pensamientos dejas entrar en tu mente...

Si realmente valoras tu salud como deberías, hay muchas cosas en el día que no te permitirías, dando prioridad a tu vehículo y haciendo las cosas de una manera saludable.

Por ejemplo, no te permitirías llevar a cabo ninguna acción bajo estrés, todo lo que comieras o bebieras sería saludable y bueno para tu organismo, tampoco entrarías en discusión con nadie, pues sabes que te perjudica a nivel de energía, te rodearías de personas agradables, o simplemente ignorarías comentarios que no te sirvan para construir en tu vida.

Es necesario para tu salud llegar a esta conclusión, llevar como objetivo principal el cuidar diariamente tu cuerpo energético, mental y físico.

Todo, pero todo lo que no entre dentro de esto, debes de prohibírtelo y decirte "No me interesa esta situación" o "No me maltrato con este alimento o bebida".

Es simple, realmente te valoras y todas tus decisiones diarias cambian. Te conviertes en una persona segura de sí misma con un orden de prioridades definido.

Con esta visón tan clara, te estarás inyectando vida, esta te llevará a sentirte rejuvenecido, entusiasmado y feliz.

Así que decide si quieres vivir frenándote a cada paso o quieres vivir a todo gas, te aseguro que esta decisión es clave para realizarte en todos los ámbitos y conseguir construir una vida apasionante.

Vivir a todo gas consiste, en primer lugar, en tener claras tus decisiones de vida, cómo quieres expresarte, cuidarte y realizarte, empezar cada día con este firme propósito y llevarlo a cabo.

¿Lo tienes claro?

Pues adelante, aprieta el acelerador. ;)

Tomar la decisión de cuidarse física, emocional y mentalmente, es vivir la vida sin freno, a todo gas.

Laura Casado

31.

SIN PRISA PERO SIN PAUSA

"No hacer daño exige estar despierto, lo cual supone, entre otras cosas, actuar con menos precipitación para ser conscientes de lo que decimos y hacemos. Cuanto más observamos nuestras reacciones emocionales en cadena y comprendemos su funcionamiento, más fácil nos resulta abstenernos. Permanecer despiertos, no precipitarnos y ser conscientes de lo que ocurre, se convierte entonces en un modo de vida".

Pema Chödrön

Como si de una carrera de fondo se tratara, tienes que empezar, paso a paso, construyendo tu nueva versión mejorada, no se trata de correr, sino de saber cada paso que das a qué lugar va dirigido.

No por correr más llegarás antes, si no tienes el camino correcto y definido, no llegarás al destino, por eso es fundamental marcarte la meta y después analizar los pasos a seguir para conseguirla.

Seguidamente, comenzar a caminar hacia ella, siendo consciente de todo lo que acontece y sucede en el trayecto, con total atención y disfrutando de todo lo que escuchas, sientes o ves.

Conseguir un objetivo que te hayas marcado no va de un día, es fundamental entenderlo para ir sin prisas, disfrutando el camino, pero con la determinación de no parar hasta conseguirlo.

Por ejemplo, si se refiere a tu salud, te has marcado la meta de reducir tu peso porque te afecta negativamente, haz de planificarte los pasos a seguir, el tiempo necesario y real para conseguirlo. Sin prisa, pero con objetivos claros, empezarás por alimentarte sano, eliminar alimentos o bebidas poco saludables.

La gran mayoría quiere conseguir el objetivo en un plazo mínimo, sin seguir los pasos y sin dedicarle el tiempo necesario.

Se equivoca, te explicaré mejor. Llevo muchos años de estudio en referencia al metabolismo humano, dedicándome a grandes cambios de remodelación de silueta.

No se trata de tener prisa, llevan muchos años teniendo unos hábitos que van en contra de su salud, han cogido un sobrepeso y ahora quieren verse físicamente bien de un día para otro.

No lo enfocan adecuadamente, pues lo principal es estar sanos, efectivamente el sobrepeso no ayuda, pero va más allá del aspecto físico, deben tomar la decisión de cambiar sus hábitos de vida erróneos, empezar a practicar y adquirir unos nuevos mucho más saludables.

Esto no va de un día, requiere constancia, pues ¿de qué sirve dejar de comer lo necesario o hacer dietas extremas poniendo en riesgo tu salud?

Evidentemente no es el camino adecuado, enfocarse en el físico y olvidar la salud es totalmente erróneo. Además de que no funcionará a largo plazo, no conseguirán mantener en el tiempo un peso óptimo pues, al no crear nuevos hábitos saludables, se esforzarán por un tiempo muy limitado, después lo dejarán y perderán todo lo hecho.

Hay que empezar creando unos nuevos hábitos alimentarios, aprender qué alimentos son necesarios y cuáles no para estar sanos, dejar de tomar bebidas que no te aportan y empezar consumiendo mucha agua.

Cuando has integrado nuevos hábitos y sabes que lo haces por cuidarte verdaderamente, es cuando no los cambiarás y cada día te verás con menos peso, más saludable y feliz.

Cuando consigues llegar a tu peso ideal, lo podrás mantener sin esfuerzo, porque lo habrás conseguido de la forma correcta: **reeducando tu forma de alimentarte**.

Seguirás haciéndolo igual y, por tanto, no subirás de nuevo de peso, pues lo haces por los motivos correctos, entendiendo que es por tu salud y no solo por tu aspecto físico.

En cualquier otra área o meta que te marques, sea laboral, económica o de relaciones personales, pasa exactamente igual: tienes que marcarte un objetivo, elaborar el paso a paso y, seguidamente, comenzar sin prisa pero sin pausa, hasta conseguirlo de la forma correcta y más duradera a largo plazo.

Para conseguir cualquier meta que te propongas, tienes que marcarte los pasos a seguir y el camino correcto que te lleva, realizarlo en el tiempo necesario y con las acciones adecuadas, sin prisa pero sin pausa.

L<small>AURA</small> C<small>ASADO</small>

32.

DISFRUTANDO SE VIVE MEJOR

"El calor humano permite la apertura. Simplemente, descubres que todos los seres humanos son como tú".

XIV Dalái-lama

Cada día de tu vida debe ser increíble, hagas lo que hagas, tienes que dirigirlo a que sea un disfrute.

La actitud con la que hagas cualquier acción de tu día y la forma de dirigirte a los demás son fundamentales para crear situaciones agradables.

En muchas ocasiones, tus inseguridades o miedos ocultos te hacen sentir que eres menos o más pequeño que los demás, te hacen ver como diferentes o superiores a las personas que te rodean. Se vuelve necesario, para tener una vida feliz, darte el valor justo que tienes, ni más ni menos.

Cualquier persona con la que te puedas cruzar, o con la que puedas dialogar, es exactamente de tu misma especie *humana* y, por tanto, tendrá y padecerá de las mismas o parecidas inseguridades o actitudes defensivas que tú puedas tener.

Consigues disfrutar al máximo tu día cuando consigues liberarte de esta creencia errónea, de pensar que los demás son máquinas perfectas y el único imperfecto eres tú.

¿Te das cuenta?

Nadie, absolutamente nadie que sea un ser humano, es una máquina perfecta, todos somos perfectamente imperfectos, con nuestras debilidades y fortalezas.

Debes amarte tal y como eres, sin miedos o vergüenzas, intentando aparentar lo que crees que los demás quieren ver, pues ni es real ni debe importarte en lo más mínimo.

Tu vida te pertenece, lo que tú decidas hacer con ella es asunto tuyo y de nadie más, pues no podrán vivirla por ti, y siempre actuando con máximo respeto hacia tu semejante.

Pareciera que es malo y tienes que esconder que tú tienes necesidades básicas como todos los mortales, de higiene personal, limpieza y vaciado de filtros. ;)

¡Qué tontería!... Como si el resto de humanos no tuviera la misma necesidad y fisiología, *ja ja ja*.

El verlo de esta manera te hará despertar y darte cuenta de la realidad, que todos tenemos sentimientos y necesidades afectivas, necesidades fisiológicas y mil cosas en común.

A partir de ahora, relaciónate con los demás sin miedo, de manera espontánea y disfrutando de conversaciones fortuitas, en cualquier lugar donde te encuentres.

"Cada palabra, cada ser, viene a llamar a tu puerta trayéndote su enigma. Si estás disponible, te inundará con su riqueza".

Irénée Guilane Dioh

CUÍDATE, ERES OBRA DE ARTE

Entra a cualquier sitio con confianza en ti, da igual si es la primera vez que lo visitas o si no conoces a la gente del lugar, es divertido descubrir nuevas cosas, situaciones y personas.

Liberarte de miedos y vergüenzas, disfruta de todo lo que hagas y aporta valor a las personas que te rodean, dales la oportunidad de que también disfruten de tu linda persona.

Siempre te encontrarás con gente que aún desconozca lo placentero que es liberarse de corazas y mostrarse con naturalidad tal cual es, no debe importarte, seguro que hay mucha otra deseosa de encontrar personas como tú y expresarse con total confianza y libertad.

Uno de los mayores disfrutes de vida es poder relacionarte con los demás con libertad, sin corazas o vergüenzas.

Entender que todos somos humanos y tenemos muchas necesidades en común es la apertura que necesitas para vivir una vida plena.

Laura Casado

33.

QUÉ PASADA DE VIDA

"Si quieres vivir una vida feliz, átala a una meta, no a una persona o un objeto".
Albert Einstein

Llega el momento de liberarte del qué dirán los demás y vivir plenamente como te gustaría, sin necesidad de estar viviendo la vida a gusto de otros.

Esto requiere valentía, salir de lo fácil e ir, en muchos casos, en contra de las opiniones de tu alrededor.

Dedicarte en cuerpo y alma a lo que sientes en tu interior, lo que sabes que es tu mayor vocación, sin miedos ni excusas.

Prepárate y fórmate para ello, encuentra tu sitio en aquello que te encanta hacer, contribuyendo con los demás, es la clave fundamental para vivir inmensamente feliz.

Te dotaron al nacer con unos atributos mentales, físicos y emocionales concretos, que te hacen único, con un claro propósito. El poder desarrollarte en él es fundamental para sentirte realizado.

Poder decir "Me encanta mi trabajo y lo hago sin esfuerzo de tanto que me gusta" no tiene precio.

Este punto es algo que siempre tuve claro, es por ello por lo que cada día ha sido y es placentero desempeñar mi labor, puedo corroborarte que ese es el camino para obtener una vida placentera y sentirte realizado.

La excusa que puede plantearte tu mente cuando te dedicas a algo que no amas, no te gusta y continúas ahí, es la parte económica. En general, siempre escucho: "Es que este trabajo, aunque sin gustarme, lo desempeño por el buen sueldo que percibo", o en otros casos "Tengo miedo a perder la estabilidad económica y la seguridad que me da".

¿Te has dado cuenta de que todo va en torno al miedo?

Es la mayor prisión que hay, si estás en ese punto, tienes que darte cuenta de la verdad, existen millones de trabajos bien remunerados, y tienes una mente brillante para pensar en qué quieres desarrollarla.

Pregúntate: ¿qué quieres?, ¿qué te gusta? o ¿qué te encantaría hacer?

A continuación, piensa cómo prepararte para ello y comienza, busca y busca hasta encontrar aquello que te motiva tanto que levantarte cada día e ir hacia allí es fascinante.

Te aseguro que ser valiente y salir de tu zona conocida tiene una recompensa bestial.

Si realmente te amas, tendrás claro que desarrollarte en el trabajo o la labor que más te gusta es fundamental para ser feliz, y lo harás sin pretextos. Esto forma parte de cuidarte y poder desarrollarte al 100 %.

No tiene precio poder decir: "¡Qué pasada de vida! La estoy disfrutando al máximo, me encanta lo que hago".

Realmente es un acto de valentía total, pero merece el esfuerzo definitivamente.

¿Aún te lo cuestionas?

> Desarrollarte en la labor que más te gusta y te apasiona es fundamental para sentirte realizado y tremendamente feliz.
>
> Laura Casado

34.

GRACIAS

"La gratitud es el mayor purificador de la mente".
Joe Vitale

Hace muchos años que se lleva hablando del poder del agradecimiento, no quería pasar por alto, en este libro, uno de los motores principales para generar buenas cosas en tu vida.

La gratitud es entendida por todos, pero el punto clave de esta maravillosa herramienta de vida es que únicamente tiene poder cuando esta gratitud es sincera.

Como ya te hablé en el libro **Ámate, eres único y especial**, tenemos un inmenso poder energético que gestionamos mediante nuestros pensamientos, y estos producen los sentimientos que generamos.

Estos sentimientos salen al exterior en forma de ondas electromagnéticas, cargadas con un mensaje que proviene de este pensamiento y te es devuelto con circunstancias o cosas relativas a él.

Por tanto, si generas un buen sentimiento, te regresará una buena situación relativa a lo que pensaras, si es un sentimiento negativo el que tuviste, ¿qué crees que te regresará? Exacto, más de lo mismo, unas circunstancias negativas de nuevo.

Por lo tanto, para tener pensamientos positivos de alta calidad, tienes que sentir el agradecimiento más sincero por todo lo que ya tienes.

La gratitud produce una energía que vibra en una de las frecuencias más altas, con un inmenso poder de atracción sobre lo que deseas.

Hasta aquí parece fácil, la dificultad la encuentras cuando tiene que ser un sentimiento *verdadero*.

Realmente tienes que sentirlo desde dentro, solo entonces generarás ese sentimiento real.

Uno de los ejercicios más beneficiosos que encontré y que practico a diario es, cada mañana al levantarme, escribir mis once agradecimientos diarios.

Once porque es un número muy representativo para mí, pero pueden ser diez o quince, es el que número que tú elijas.

Ya te lo expliqué en capítulos anteriores.

Lo importante de este ejercicio es que te hace consciente de todo de lo que ya disfrutas, creándote una energía bestial con un gran sentimiento verdadero de gratitud hacia la vida que tienes.

Solo el poder respirar cada mañana y realizarte a tu libre albedrío es motivo suficiente para brincar de alegría.

Incorpóralo a tu rutina diaria, es una de las prácticas más saludables que puedes hacer a nivel mental y energético.

Recuerda que tienes que cuidar todos tus cuerpos, no basta con hacer ejercicios físicos, también mentales y energéticos.

No tengas pereza en dar las gracias, practícalo hasta que te nazca desde el interior, ten presente que darlas y no sentirlas de nada te servirá.

> Una de las herramientas más poderosas para elevarte energéticamente y atraer a tu vida lo que deseas es la gratitud verdadera.
>
> Laura Casado

35.

LO ESTÁS LOGRANDO

*"Quién nunca cometió un error,
nunca ha intentado nada nuevo".*

Albert Einstein

El hecho de que estés invirtiendo tu tiempo en leer ya es un indicativo de que quieres aprender y crecer interiormente. Que te cuidas o has decidido cuidarte, esto es buenísimo, pues ya vas a kilómetros de distancia de otros, que apenas ni se enteraron de lo que valen y aún viven ignorantes del gran y maravilloso vehículo que nos entregaron al nacer, para vivir esta experiencia única.

¿Cuánto te castigas cuando crees cometer un error?

¿Qué te dices cuando fallas en algo?

Si eres de los que se castigan duramente cuando sienten que no hicieron las cosas bien, te comprendo bastante, yo era de ese club en el pasado, hasta que comprendí lo que ahora quiero compartir contigo…

No nacemos con manual de instrucciones, ¡ninguno! Todos intentamos aprender de lo que aprendieron las personas de nuestro entorno.

¿Pero qué ocurriría si tan solo nos quedáramos con lo que nos indican los demás?

¡La evolución humana estaría aún en estado primitivo!

Toda evolución nace del deseo por descubrir nuevas cosas, versiones y experimentar en primera persona.

Es algo necesario para el ser humano ir creciendo y evolucionando, para ello no existe otro método que intentar millones de veces hacer determinadas acciones en busca de la correcta. Es parte fundamental equivocarse, si eres una persona inquieta y con deseo de crecimiento.

En nuestra cultura generalmente nos indican que sigamos los pasos de los demás para no equivocarnos, porque equivocarse está mal.

Con su buena intención, intentan una y otra vez enseñarnos a no cometer errores, pero todo esto proviene del miedo, este es el mayor freno que existe y, como tal, te paraliza, sin dejarte aprender o crecer como es necesario por derecho de nacimiento.

Descubrir que no es malo equivocarse y, lo mejor de todo, es parte fundamental del crecimiento y de la evolución humana, te sacará de un plumazo del aturdimiento mental y las falsas creencias, que te hacen sentir prisionero o bicho raro cuando intentas saltarte las normas.

¿Castigarte o castigar por qué?

Viniste para aprender, aportar evolución a la raza humana, y no existe aprendizaje sin error previo.

¡Basta de castigarte o castigar a los demás por equivocarse!

Tan solo puedes dar un consejo desde la experiencia, si te lo piden y solo en ese caso, pues es lícito que cada uno viva libremente su experiencia.

CUÍDATE, ERES OBRA DE ARTE

Por mucho que pueda dolerte la caída de un ser querido, no debes ser su colchón, solamente un brazo amigo para ayudarlo a levantarse de su caída, sacudirle el polvo y decirle: "Tranquilo, son aprendizajes que forman parte de tu evolución, continúa tu camino, más sabio y feliz"; de la misma forma que te lo dirías a ti mismo.

Solo con la intención clara de hacer las cosas bien y esforzándote diariamente por tu aprendizaje, ya estás dando pasos de gigante, tardes más o menos, llegarás a tu objetivo siempre que no desistas.

Viniste para crecer y evolucionar, la mejor forma de aprender es cometiendo errores, basta de castigar o castigarte duramente por ellos.

¡Levántate, sigue caminando más sabio y más feliz!

Laura Casado

36.

TE SIENTES FELIZ

"El sí, la apertura y el amor, he aquí las llaves que abren la puerta de la prisión".

Arnaud Desjardins

Abres los ojos y te inunda una buena sensación, hoy es un nuevo día, tiene cosas maravillosas para entregarte.

Qué distinto se ve todo desde hace unos meses al momento actual. Y piensas "Pero no era tan difícil"... ya no, pero al principio, cambiar y tomar nuevas decisiones era casi un mundo.

¿No te ha sucedido verte en la distancia, después de haber pasado un tiempo, y verlo todo simple y fácil?

Eso sucede porque ya lo superaste y ahora tienes una nueva perspectiva. Miras hacia atrás sin miedo porque sabes que venciste al monstruo que te atacaba. Ese gigante que tenías que superar, que era simplemente tu gran miedo a fracasar, a no hacerlo bien o no tomar la decisión adecuada.

Así te pasará con cada situación que enfrentes y en la que tengas que decidir qué hacer, cambiar o modificar en tu vida, pero también puedes optar por aprender de esta situación del pasado y no crear tal monstruo.

Cuando tengas que tomar una nueva decisión, sigue un protocolo de actuación: primero la meditas, después la escribes y, cuando la tengas reflexionada, escoge sin miedo, no pasa nada si te equivocas... siempre extraerás de ella algo muy positivo, que te llevará a ser más sabio para la próxima decisión que tengas que tomar.

El truco está en reflexionarla rápido y no dejarla para después, cada vez te costará más y el miedo aumentará. Decide con el firme convencimiento de que es para bien y adelante.

Unas de las decisiones más difíciles que te pueden resultar son las que tienen que ver con vínculos sentimentales, en este caso, tienes que valorar todos los aspectos que te aporta esta persona en positivo y negativo, hacer un balance de pérdidas y ganancias, con el resultado final, tomar tu decisión.

Una pregunta clave para resolver tu conflicto interior es: "¿Me siento feliz con esta persona la mayor parte del tiempo?".

Siempre tiene que ser muy superior el porcentaje de felicidad que de infelicidad, de lo contrario, es necesario que actúes en consecuencia, tu tiempo y el de los demás es valioso, no lo hagas perder ni pierdas el tuyo, ¡simplifica!

Tomar decisiones rápidas hará que vivas en paz y mucho más tranquilo la mayor parte de tu tiempo. Afronta con valentía tus miedos y lo antes posible, la recompensa que obtendrás será enorme... te sentirás tranquilo y feliz.

> Reflexionar y resolver de manera ágil y rápida cualquier situación o toma de decisión, te ayudará a vivir la mayor parte de tu tiempo feliz y liberado.
>
> Laura Casado

37.

TODO HA CAMBIADO

"El universo no es pasivo ni estático, sino un conjunto dinámico, cuyo equilibrio se debe a la oposición de elementos contrarios y emparejados".

Tradición bantú

Aceptar que el mundo está en continuo cambio es coger la velocidad de crucero que necesitas, al igual que el resto de personas, tú estás evolucionando continuamente, para nada eres el de ayer, y menos el de hace unos años.

Cuando me encuentro con personas que no veía hace mucho tiempo, me dicen: "No has cambiado para nada, te ves igual". Sé que me quieren decir que mi físico sigue siendo jovial y que no me ven el deterioro de los años, me alegra saberlo, pues quiere decir que estoy cuidando mi *máquina* correctamente; pero, si además de un simple saludo, seguimos hablando un poco más, el concepto inicial seguro les cambie, no porque haya cambiado mi esencia o valores, sino porque existen millones de cambios dentro de mí.

Esos cambios tienen que ser evolutivos, de crecimiento. En el mundo que vives viajas a una velocidad increíble, todo está en movimiento y, aunque parezcas parado, nada de eso, o vas hacia delante o hacia atrás, lo que es lo mismo, evolucionando o involucionando.

Es importante que entiendas este concepto, no es posible quedarse estático en un punto de la vida: todo, absolutamente todo a tu alrededor y en ti mismo, está en un cambio continuo.

Tienes que estar abierto y preparado mentalmente, el cambio equivale a ganar vida.

¿Por qué tantos miedos a cambiar?

Es una esclavitud vivir aferrado a creencias, sistemas o imposiciones mentales. Abre tu mente y permítete fluir con naturalidad en el movimiento que existe, perteneces a él, formas parte de un universo dentro de un mundo que viaja a una velocidad increíble.

¿No te resulta alucinante poder reinventarte cada vez en alguien mejor?

Siempre me gustó una fórmula que define la resistencia material, da igual a qué ámbito la apliques, no falla, es la clave del equilibrio:

RESISTENCIA (equilibrio) = DUREZA + FLEXIBILIDAD.

Si lo aplicas en ti, se traduce en lo suficientemente duro y fuerte para recibir un impacto, y lo suficientemente flexible para aceptarlo y adaptarte al cambio.

Este es el punto de equilibrio que debes conseguir, los extremos no son buenos, pero la suma de ambos te mantiene en el centro, equilibrado y, por consiguiente, feliz.

"La inteligencia es la habilidad de adaptarse a los cambios". Cuando un descubrimiento llega y lo cambia todo, la habilidad para adaptarse a ese cambio es inteligencia, según lo definía Stephen Hawking.

> Mantenerte en un punto de equilibrio, que te permita estar preparado para aceptar los cambios, es imprescindible para seguir evolucionando.
>
> Lo suficientemente duro y fuerte para recibir un impacto, lo suficientemente flexible para aceptar y adaptarte al cambio.
>
> Laura Casado

38.

AYUDAR SIENTA BIEN

"La compasión por nosotros mismos nos confiere el poder de transformar el resentimiento en perdón, el odio en amistad y el miedo en respeto por todos los seres".

Jack Kornfield

De las cosas más placenteras que he podido experimentar, a lo largo de los años, ha sido la sensación de sentirme útil y poder aportar valor a los demás.

La persona que aún piensa que es un ser individual y solo busca su propio beneficio, es seguro que no ha probado la sensación tan placentera que resulta el dar y ayudar. Hasta creo que es un acto egoísta, pues el más beneficiado, cuando das, eres tú mismo.

En cualquier profesión o labor que desarrolles puedes realizar esta práctica, la gente confunde el dar solo con la parte monetaria, pero el dar no está ligado estrictamente a la economía.

Puedes ofrecer palabras constructivas a una persona y aportarle muchísimo más que si le dieras dinero. Una sonrisa o un buen gesto, un saludo de buenos días, un buen consejo cuando te lo piden, o una acción necesaria en un momento de dificultad; que con un poco de tu tiempo y esfuerzo, ganarías a cambio la sensación más placentera que hay, la paz interior y el orgullo personal.

Todo esto viene dado con tu evolución, llegar a este punto requiere de un trabajo interior contigo mismo.

No puedes dar lo que no tienes, esto está claro, al igual que no puedes dar dinero si no lo tienes, tampoco dar buenos gestos de amor hacia los demás sin ser capaz de verte, valorarte y amarte como te mereces.

Desde la persona más segura de sí misma hasta la más insegura, todos, en algún o en muchos momentos, necesitamos valorarnos más y tratarnos con más cariño.

Debes ejercitar tu mente al igual que haces con cualquier músculo de tu cuerpo, es importante que la central que lo comanda todo en ti esté óptima; para esto, el ejercicio, trabajo de limpieza y reseteo deben ser continuos.

Recibes millones de impactos diarios, unos de buena calidad, otros de mala calidad, generas unos pensamientos determinados y llegas a unas conclusiones u otras, sobre todo lo que ves y sobre ti mismo.

El mandarte mensajes positivos diarios, y reafirmarte en quién eres, forma parte esencial para mantener una mente sana y focalizada en el camino correcto.

Si eres padre o madre, o estás a cargo de un menor, verás que generas en la mente del menor un alto impacto, tus palabras tienen que ser muy bien escogidas porque le estás formando las primeras creencias que tendrá sobre sí mismo y sobre su entorno.

Aunque es inevitable corregirle algunos aspectos y enseñarle valores, es importante dejar que se desarrolle con sus capacidades, formas de comunicación, y motivar sus atributos hasta el cielo.

Que crean en ellos mismos es parte fundamental de lo que serán capaces de construir en el futuro.

De la misma forma, decirte a ti mismo y a diario lo bueno, magnífico y capaz que eres para realizar cualquier labor que te propongas.

La misma importancia tiene tu parte física, pues al sentirte bien con tu aspecto, trabajas de forma directa en tus emociones y te aporta seguridad. Para esto, además de cuidarte en alimentación y con ejercicio físico, es necesario que te mires en el espejo y te mandes mensajes positivos que eleven tu autoestima. Es importante que hagas este ejercicio mental diariamente y te posiciones en el lugar que mereces.

Escribe ahora tus atributos más especiales, lo que más te gusta de ti en caso de que tu autoestima esté baja y te cueste encontrarlos, escribe cuáles te gustaría tener, cómo te gustaría identificarte o verte en un espejo.

Claro está que debes amar tu fisiología tal cual es, y este ejercicio trabajará para potenciar y pulir el diamante que en realidad eres.

Utiliza letra mayúscula y grande, a ser posible, escribe cada atributo en un color potente y distinto, necesitas visualizarlo rápido y con el menor esfuerzo.

Colócalo en el espejo donde te peinas, te aseas o te preparas diariamente para iniciar tu día. Repítete tu descripción a diario, es un recordatorio de ti mismo y, por repetición, conseguirás interiorizarlo.

Te puede parecer un ejercicio sin importancia, pero es real su efecto, además de poderoso, para elevar tu autoestima y generar grandes cambios positivos en tu vida.

Si te está dando pereza, ni por un minuto te lo consientas... es importante, ¡hazlo!

Si, en tu caso, te estás dando realmente el valor y cariño que te mereces a diario, ¡perfecto!

Ese es el camino para obtener cualquier cosa que te propongas y ser muy feliz, pero, si no es así, debes hacerlo.

Recuerda, eres el comandante de una gran nave, un vehículo increíble y debes estar al 100 %, todo empieza por el amor a ti mismo.

De las sensaciones más placenteras que podrás encontrar, es dar a los demás.

Para llegar a este punto es necesario que te ames a ti primero, solo entonces estarás preparado para disfrutar dando.

Laura Casado

39.

TIENES UN CAMINO CLARO

"No alcanzarás el amor sin un inmenso agradecimiento en el corazón".

Arnaud Desjardins

¿No te parece todo mucho más nítido?

Si estás interiorizando estas páginas y poniendo en práctica los ejercicios, estarás en un momento de cambio, de esfuerzo por modificar hábitos nocivos para ti.

Debes sentirte orgulloso y motivado, pues estarás mucho más cerca de encontrar tu mejor versión. Todo requiere tiempo y esfuerzo, pero obtendrás tu recompensa, te aseguro que es mucho más grande de lo que imaginas, lo he podido comprobar en mí misma, y no solo en mí, también en personas de mi alrededor.

Mucho antes de clarificar esta guía y hacer posible que millones de personas se beneficien de ella, ya la puse en práctica con bastantes otras.

Tuve la gran causalidad de encontrar en mi camino a personas maravillosas, pero con una gran falta de amor por ellas mismas. Puse en marcha mis habilidades, el estudio que llevo años practicando, muchísimo amor y constancia.

El resultado fue asombroso, mejor de lo que esperaba. Conseguí que se amaran de verdad, cogieran seguridad en ellas mismas, se cuidaran interior y exteriormente y que, a día de hoy, sigan llamándome para contarme sus logros y darme las gracias.

Sé que cuando lean estas líneas sabrán que hablo de ellas, quiero agradecerles, desde lo más profundo de mi corazón, el gran aprendizaje que me han aportado.

Es una bendición para mí, me genera una sensación única y placentera el observar que he contribuido a que otros tengan una vida mejor y más bonita.

Mientras escribo para ti, estoy pensando en la persona única que eres, que quizás desconoces lo mucho que vales, pero que muy pronto lo descubrirás realmente. Me encantará saber de ti que de alguna manera te he podido ayudar.

Estoy emocionada por compartir contigo más información valiosa, pero antes tienes que repasar los hábitos que has adquirido o inmediatamente vas a implementar en tu vida; te pongo ejemplos, pero adáptalos a ti y a tus preferencias:

AL LEVANTARTE:

Hora:_____

Ejemplo: tomo un gran vaso de agua con limón o vitaminas, hago agradecimientos diarios, escritos o nombrados.

Ejemplo: hago estiramientos, salgo a caminar, hago yoga, ejercicio matutino.

_____
_____
_____

Ejemplo: aseo personal, ducha, baño, música energética, desayuno nutritivo... etc.

_____
_____
_____

DE CAMINO AL TRABAJO:

Hora:_____

Ejemplo: escucho o leo temas que me inspiren y me ayuden a progresar.

_____
_____
_____

EN EL TRABAJO:

Ejemplo: adquiero una actitud de compañerismo y me focalizo en solucionar rápido los asuntos laborales con la mejor sonrisa que tengo, sin preocuparme, con máxima atención me ocupo.

_____
_____
_____

EN DESCANSOS DEL TRABAJO:

Ejemplo: disfruto de lo que veo y de lo que como o bebo, mantengo la atención en alimentarme correctamente.

_____
_____
_____

AL FINALIZAR LA JORNADA LABORAL:

Hora:_____

Ejemplo: doy gracias por mi empleo y los recursos económicos que obtengo, me programo para el siguiente día.

_____
_____
_____

DE VUELTA A CASA:

Ejemplo: escucho música que me eleve energía o me la equilibre, aprendo de temas constructivos a través de audios o libros.

_____
_____
_____

EN CASA:

Ejemplo: disfruto de compartir con mi familia o amigos, mantengo conversaciones motivantes e inspiradoras, degusto una cena exquisita y sana.

_____
_____
_____
_____

AL ACOSTARSE:

Ejemplo: me doy una ducha rápida para limpiar energía, me relajo leyendo un libro de temas que me interesen, agradezco mi día.

_____
_____
_____

ANTES DE DORMIR:

Hora:_____

Ejemplo: hago una meditación o tengo un último pensamiento positivo que me permita dormir en paz.

_____
_____
_____

Este es un ejemplo de tu planificador de rutina semanal, te ayudará a tener claros todos los hábitos que debes adquirir para mantener una vida sana y equilibrada a nivel mental, energético y físico.

Es mucho mejor que los escribas y los pongas claros en tu mente, te servirá para poder ejecutarlos más fácilmente.

 Poner en orden tu vida y clarificar el camino a seguir te dará la base de equilibrio que necesita cualquier persona, para tener una vida armoniosa y feliz.

Laura Casado

40.

DE COLOR

"Fuera, comprendo la forma de la Creación; dentro, capto la fuente de mi alma".

Chang Tsai

Tenemos un sistema tan increíble que está preparado para reequilibrase energéticamente a través de los colores que visualiza.

A veces buscamos la complejidad en las cosas, parece que es mejor o más efectiva una terapia que requiere muchos pasos, maquinarias y demás historias rimbombantes.

Es tanta la perfección con la que estás creado que asusta, creo que es una de las causas principales por las que hay personas que prefieren obviar la realidad, y excusarse en no creer en diferentes terapias que corroboran la magnitud de lo que eres.

La terapia del color es fascinante, ¿has notado que, dependiendo de un estado anímico u otro, te apetece utilizar un color determinado en tu vestuario?

Esto es debido a la fuerza energética que ejerce un determinado color en tu estado anímico.

En muchas culturas utilizan el poder del color de forma natural para armonizar energías, en la cultura china tienen un sistema llamado *feng shui*.

El *feng shui* es un sistema de pensamiento que nos indica cómo vivir en armonía, tanto en un espacio natural como en el creado por el hombre. Tiene en cuenta el hogar en su conjunto, la idea central de la teoría del *feng shui* es que cada objeto posee una energía propia, que se añade o se sustrae de la energía de los objetos vecinos.

El *feng shui* proviene de los consejos que los chamanes daban para que la gente pudiera construir sus viviendas, o llevar a cabo sus actividades en el entorno natural, sin bloquear el flujo de energía vital. Se trata de una filosofía muy antigua que se ha ido recogiendo de ideas procedentes del taoísmo, el budismo y la tradición tibetana.

El propósito es equilibrar las distintas energías para poder crear un entorno armonioso y positivo. Para esto, su filosofía es unir el mundo interior con el mundo exterior, la tierra con el cielo. Los dos polos principales, tierra y cielo, son en la cultura china el *yin* y el *yang*.

En los colores y aceites esenciales encontramos estas polaridades. Nuestros propios centros energéticos los mantenemos en equilibrio entre el *yin* y el *yang* para estar armonizados. Cuando se desequilibran, podemos ayudarlos con los colores, con los aceites esenciales y otras terapias naturales muy efectivas y fáciles.

Una de las curas básicas del *feng shui* es el color. Como cada elemento tiene asignado un color, podemos buscar un equilibrio en una habitación simplemente colocando objetos del color adecuado, en la dirección adecuada.

Es interesante aprender y enriquecerse de otras culturas, es necesario ver más allá de tus creencias o

40.

DE COLOR

"Fuera, comprendo la forma de la Creación; dentro, capto la fuente de mi alma".

Chang Tsai

Tenemos un sistema tan increíble que está preparado para reequilibrase energéticamente a través de los colores que visualiza.

A veces buscamos la complejidad en las cosas, parece que es mejor o más efectiva una terapia que requiere muchos pasos, maquinarias y demás historias rimbombantes.

Es tanta la perfección con la que estás creado que asusta, creo que es una de las causas principales por las que hay personas que prefieren obviar la realidad, y excusarse en no creer en diferentes terapias que corroboran la magnitud de lo que eres.

La terapia del color es fascinante, ¿has notado que, dependiendo de un estado anímico u otro, te apetece utilizar un color determinado en tu vestuario?

Esto es debido a la fuerza energética que ejerce un determinado color en tu estado anímico.

En muchas culturas utilizan el poder del color de forma natural para armonizar energías, en la cultura china tienen un sistema llamado *feng shui*.

El *feng shui* es un sistema de pensamiento que nos indica cómo vivir en armonía, tanto en un espacio natural como en el creado por el hombre. Tiene en cuenta el hogar en su conjunto, la idea central de la teoría del *feng shui* es que cada objeto posee una energía propia, que se añade o se sustrae de la energía de los objetos vecinos.

El *feng shui* proviene de los consejos que los chamanes daban para que la gente pudiera construir sus viviendas, o llevar a cabo sus actividades en el entorno natural, sin bloquear el flujo de energía vital. Se trata de una filosofía muy antigua que se ha ido recogiendo de ideas procedentes del taoísmo, el budismo y la tradición tibetana.

El propósito es equilibrar las distintas energías para poder crear un entorno armonioso y positivo. Para esto, su filosofía es unir el mundo interior con el mundo exterior, la tierra con el cielo. Los dos polos principales, tierra y cielo, son en la cultura china el *yin* y el *yang*.

En los colores y aceites esenciales encontramos estas polaridades. Nuestros propios centros energéticos los mantenemos en equilibrio entre el *yin* y el *yang* para estar armonizados. Cuando se desequilibran, podemos ayudarlos con los colores, con los aceites esenciales y otras terapias naturales muy efectivas y fáciles.

Una de las curas básicas del *feng shui* es el color. Como cada elemento tiene asignado un color, podemos buscar un equilibrio en una habitación simplemente colocando objetos del color adecuado, en la dirección adecuada.

Es interesante aprender y enriquecerse de otras culturas, es necesario ver más allá de tus creencias o enseñanzas, abrir la mente a nuevas posibilidades, esto es evolucionar.

Aunque la terapia del color es muy amplia, quiero resumirte información muy valiosa sobre ella.

Cada color posee una serie de características y significados, que debes conocer para entender cómo influyen en nuestro comportamiento.

Utiliza rojo en tu vida para recobrar entusiasmo y pasión, recuperarte de un estado de agotamiento, sentirte capaz de hacer realidad tus sueños, eliminar un sentimiento de inseguridad, ansiedad o temor. Puedes usar el rojo siempre que quieras aparentar dinamismo, atrevimiento, cuando necesites mostrar confianza y seguridad, como en una entrevista de trabajo, una presentación o un encuentro con desconocidos.

Utiliza naranja para superar el aburrimiento y la tristeza, recobrar el interés por lo que ocurre a tu alrededor, adaptarte más fácilmente a cambios de rutinas, ver la parte ligera y alegre de la vida, liberar sentimientos bloqueados que te provocan un descenso de la creatividad.

Utiliza amarillo para superar la ansiedad y la indecisión, vencer la inseguridad, fortalecer el sistema inmunitario, ser capaz de estudiar y concentrarte, curar la tendencia a deprimirte cuando hace mal tiempo, recuperar la capacidad de absorber bien los alimentos y vencer problemas digestivos.

Utiliza verde para sobreponerte de una sensación de encierro, provocada por una convalecencia u otras circunstancias, vencer el miedo a cambiar, romper moldes demasiado rígidos, producir nuevas ideas, encontrar un nuevo equilibrio, superar problemas de relaciones humanas como el servilismo o el dominio, para no caer en sentimientos como los celos, la envidia y avaricia.

Utiliza azul para salir de un estado de agitación o nerviosismo, comunicarte con claridad, enfrentarte a una información nueva y para poder verla en el contexto, cumplir con tus deseos de paz, desapego, descanso.

Utiliza violeta para hallar un nuevo equilibrio, activar el proceso natural de curación del cuerpo, usar la imaginación de forma práctica, integrar nuevas capacidades, derribar obstáculos, aquietar la hiperactividad, activar la energía dormida o salir de una depresión.

Además de los colores, es importante que conozcas bien tus siete centros de energía principales, llamados comúnmente *chakras*, y cómo aplicarlos en ellos.

Chakra es una palabra sánscrita que significa 'rueda', se parecen a ruedas energéticas, son centros de fuerza localizados dentro de tu cuerpo, a través de los cuales recibes, transmites y procesas la energía vital.

Cada *chakra* se reconoce como un punto focal de fuerza vital, relacionado con la energía física, emocional, mental y espiritual. Cada uno tiene sus propias características y funciones, manteniendo relación con alguna de las glándulas del sistema endocrino del cuerpo, así como cada uno de los siete colores del arcoíris.

Cada color está asociado a uno de los *chakras* y trabaja como terapia, consiguiendo equilibrarlos.

El *chakra* Raíz reacciona al color rojo, equilibrándolo y dándole potencia. Te ayuda a tener seguridad en ti mismo, a anclarte a la vida y sentirte de la tierra, brinda vitalidad al cuerpo físico. Un remedio práctico para equilibrarlo es la ropa interior roja.

El Sacro reacciona al color anaranjado, este lo equilibra, un desequilibrio puede identificarse por gratificarse excesivamente con la comida o el sexo, dificultades sexuales, confusión, despropósito, celos, envidia, afán de posesión, impotencia, problemas uterinos y/o urinarios. A través de su equilibrio, es capaz de elevar las defensas del cuerpo, asimilar cambios o nuevas ideas, tolerancia, entrega, trabajar armoniosamente con otros, aumentar deseo o placer.

El Plexo Solar al color amarillo, es el centro de las emociones diarias, vitaliza el sistema nervioso simpático, ayuda en procesos digestivos, metabólicos y emocionales; se puede desequilibrar con facilidad, es fácil de notar su alteración, pues es una sensación de nudo en el estómago que no te deja respirar bien, también en otros aspectos como exceso de énfasis en el poder y/o reconocimiento, ira, miedo, odio, problemas digestivos. Utiliza camisetas amarillas o hazte terapia de color para equilibrarlo, te explicaré más adelante cómo hacerla, mantenerlo en equilibrio te aportará voluntad, poder personal, autoridad, energía, dominio del deseo, autocontrol, humor, risa, iluminación, resplandor.

El *chakra* Corazón reacciona al verde, este color te ayudará a su equilibrio, se puede ver alterado por emociones fuertes, tristeza, melancolía, sentimiento de pérdida; los síntomas pueden ser represión del amor, inestabilidad emocional, problemas cardiacos o circulatorios. Te sirve colocar una medalla con un mineral verde en la zona del *chakra*, o practicar la terapia del color. Mantenerlo en equilibrio te aportará capacidad de perdón, compasión, entendimiento, paz, franqueza, armonía unidad con la vida.

El *chakra* Garganta responde al azul turquesa, este se puede desequilibrar fácilmente en personas que les cuesta expresarse, o bien callan y toleran más de lo debido. Los síntomas pueden aparecer por picor de garganta, afonías... etc. Se equilibra colocando un mineral turquesa o azul cielo en la zona, sostenido por una cadenilla corta o un cordón de cuero también, aplicando la terapia visual del color. Mantenerlo equilibrado te aportará comunicación verdadera, expresión creativa en discurso, lealtad, honestidad, suavidad, gentileza. En la medida que se pueda, ¡exprésate!

El *chakra* del entrecejo o Tercer Ojo reacciona al azul índigo, este es el *chakra* de la intuición, esa parte que te indica el camino a seguir, también aporta imaginación, concentración, tranquilidad; con la terapia del color puedes equilibrarlo, te aportará visión, vitaliza el cerebro inferior (cerebelo) y el sistema nervioso central.

El *chakra* Corona reacciona al violeta, es el que conecta con el lado espiritual, aporta inspiración, percepción más allá del espacio y el tiempo, vitaliza el encéfalo superior; lo equilibras con la terapia visual del color.

En esta trilogía utilizo todos los conocimientos que he ido adquiriendo, practicando y que funcionan al 100 %. Son terapias muy efectivas, que utilizo a diario con mis clientes en el centro de terapias y cuidado personal que dirijo.

Ponlas en práctica, comprueba que funcionan por ti mismo. Es fácil y nada nocivo, verás que, después de aplicarlas, te sentirás muy bien.

Para darte todas las herramientas posibles, he diseñado las portadas de esta trilogía con conocimiento de causa, en el primer libro, **Ámate, eres único y especial**, encontrarás los colores que equilibran a tres *chakras*: Raíz, Sacro y Plexo Solar; en este segundo libro, *Cuídate, eres obra de arte*, encuentras los colores verdes y turquesas que equilibrarán tus *chakras* Corazón y Garganta; y en el tercero, *Vive, es un regalo apasionante*, los colores azul y violeta, que te equilibrarán el Tercer Ojo y el Corona.

Te explico en qué consiste la terapia visual del color, es muy fácil: coges tu mano derecha y la colocas en el *chakra* que quieres equilibrar, a continuación, colocas el color elegido para equilibrar delante de ti; en este caso, escoges la portada que lo contenga, lo visualizas durante un par de minutos sin quitar la atención de ese color. Empezarás a sentirte mejor del malestar que te acuse en ese momento.

Para chequear tus *chakras*, necesitarás a alguien que te compruebe la fuerza muscular. Te explico: coloca tu dedo índice de la mano izquierda sobre uno de los *chakras*, con la mano derecha, une el dedo índice y pulgar e intenta no separarlos, la persona que te ayude intentará separártelos y, si tienes mucha fuerza en ellos, querrá decir que tu *chakra* está equilibrado; si, por el contrario, se abren los dedos muy fácilmente, evidentemente te falta fuerza y esto te indica que tu *chakra* está desequilibrado.

Cuando utilizas los colores como te expliqué para equilibrarlos, pasados 3 minutos visualizando el color necesario, vuelve a testar tu fuerza en este *chakra* y verás que aumentó, quiere decir que conseguiste equilibrarlo.

Mantener tus centrales energéticas óptimas es vital para mantenerte saludable, tenemos un cuerpo psicosomático, quiere decir que tu estado anímico y energético enferma al cuerpo físico.

Estar equilibrado es tu decisión, ya sabes mucho más para mantenerte en armonía, saludable y feliz.

> Tienes un sistema perfecto, capaz de equilibrarse a través de los colores, utiliza esta terapia a tu favor.
>
> Cuando te conoces bien, puedes ayudarte mucho mejor.
>
> L<small>AURA</small> C<small>ASADO</small>

Para darte todas las herramientas posibles, he diseñado las portadas de esta trilogía con conocimiento de causa, en el primer libro, **Ámate, eres único y especial**, encontrarás los colores que equilibran a tres *chakras*: Raíz, Sacro y Plexo Solar; en este segundo libro, *Cuídate, eres obra de arte*, encuentras los colores verdes y turquesas que equilibrarán tus *chakras* Corazón y Garganta; y en el tercero, *Vive, es un regalo apasionante*, los colores azul y violeta, que te equilibrarán el Tercer Ojo y el Corona.

Te explico en qué consiste la terapia visual del color, es muy fácil: coges tu mano derecha y la colocas en el *chakra* que quieres equilibrar, a continuación, colocas el color elegido para equilibrar delante de ti; en este caso, escoges la portada que lo contenga, lo visualizas durante un par de minutos sin quitar la atención de ese color. Empezarás a sentirte mejor del malestar que te acuse en ese momento.

Para chequear tus *chakras*, necesitarás a alguien que te compruebe la fuerza muscular. Te explico: coloca tu dedo índice de la mano izquierda sobre uno de los *chakras*, con la mano derecha, une el dedo índice y pulgar e intenta no separarlos, la persona que te ayude intentará separártelos y, si tienes mucha fuerza en ellos, querrá decir que tu *chakra* está equilibrado; si, por el contrario, se abren los dedos muy fácilmente, evidentemente te falta fuerza y esto te indica que tu *chakra* está desequilibrado.

Cuando utilizas los colores como te expliqué para equilibrarlos, pasados 3 minutos visualizando el color necesario, vuelve a testar tu fuerza en este *chakra* y verás que aumentó, quiere decir que conseguiste equilibrarlo.

Mantener tus centrales energéticas óptimas es vital para mantenerte saludable, tenemos un cuerpo psicosomático, quiere decir que tu estado anímico y energético enferma al cuerpo físico.

Estar equilibrado es tu decisión, ya sabes mucho más para mantenerte en armonía, saludable y feliz.

> Tienes un sistema perfecto, capaz de equilibrarse a través de los colores, utiliza esta terapia a tu favor.
>
> Cuando te conoces bien, puedes ayudarte mucho mejor.
>
> LAURA CASADO

41.

ERES VELOZ

"El arte es la esencia de la vida. Nuestras palabras y nuestros actos están llenos de arte. La sustancia del arte es la plena conciencia".

Thich Nhat Hanh

¿Has tenido alguna vez la sensación de ir remando contra corriente?

Todo se te hace duro de conseguir y te supone un sobresfuerzo continuo, sientes que nada te sale como te gustaría y pareciera que el mundo confabuló en tu contra.

Pues bien, relájate, no es así, lo único que puede estar en tu contra eres tú mismo.

Antes de sacar conclusiones de lo que te voy a contar, date permiso para analizarlo desde la lógica.

Tenemos una mente maravillosa, con unas capacidades increíbles, procesa diariamente millones de pensamientos, generando con ellos unas emociones u otras. Atraemos a nosotros el fruto de lo que emitimos, a través de nuestro sentimiento o emoción.

Imagínate por un momento un día en el que estás pletórico, te sientes bien y te ríes con facilidad de cualquier cosa que ocurra a tu alrededor. Parece que ese día todo te vino rodado, lo que te propusiste hacer lo conseguiste y, además, te quedó energía para mucho más.

Ahora, sitúate en un día que desde que te levantaste te sentías cansado, con poca ilusión o ninguna, e irritable con todo lo que te ocurría a tu alrededor; curiosamente, este día todo se te complicó, nada de lo que empezaste pudiste acabarlo con éxito, y solo pensabas en dormir y que el día terminase.

Realmente, si lo miras desde fuera, ¿crees que fueron las circunstancias las que cambiaron tu día?

Si eres sincero contigo mismo, verás que no fue así, la energía alta o baja con la que iniciaste el día tuvo mucho que ver, la calidad de tus pensamientos, las horas de descanso y la alimentación jugaron un papel fundamental.

Con una energía de alta vibración, los problemas que puedan surgir son tonterías solucionables de un plumazo, por el contrario, pueden ser montañas e irritarte profundamente cualquier problema que enfrentes con energía baja.

Cuando te haces consciente de que tú generas y atraes el día bueno o malo que vas a tener, aún con las mismas circunstancias, te das cuenta de que es lógica pura pensar que nada está en tu contra, sino tú mismo o, más bien, los pensamientos que permites procesar.

El secreto para que todo se te dé fácil, te salga bien y lleguen a ti situaciones de rápida solución, depende exclusivamente del estado energético en el que te encuentres.

Es maravilloso fluir velozmente en todo lo que realizas, sentirte libre y muy capaz de resolver cualquier situación en un abrir y cerrar de ojos.

Si quieres ser veloz y resolutivo en cualquier acción que realices, es necesario que mantengas elevada tu energía diariamente, con pensamientos, descanso y alimentación de alta calidad.

Laura Casado

42.

QUÉ DIVERTIDO

*"La verdad no es en modo alguno lo
que yo tengo. No es tampoco lo que tienes tú.
Es lo que nos une en el sufrimiento, en la alegría.
Es hija de nuestra unión en el dolor
y en el placer engendrados.
Ni tú ni yo. Y tú y yo.
Nuestra obra común,
admiración permanente.
Su nombre es sabiduría".*

Irénée Guilane Dioh

Cuando te sientes bien, es inevitable sonreír, es un mecanismo natural, te sientes feliz, con alegría, diversión, entusiasmo.

De lo contrario, te acude la tristeza y tu energía baja. Es en este momento en el que tienes que forzarte a sonreír. Busca motivos a tu alrededor si no eres en ese momento capaz de encontrarlos dentro de ti.

Haz memoria de situaciones o imágenes que te hicieron reír en el pasado, guárdalas como comodín y utilízalas cuando te encuentres apático.

Otro truco es ver una película o vídeo cómico, de cualquier manera, lo importante es que cortes el bucle mental en el que has entrado, con pensamientos negativos y devastadores, que te hacen sentir mal y te bajan energéticamente.

Desde que te despiertas, tu mayor anhelo tiene que ser divertirte y pasarlo genial en el nuevo día que te dieron. Independientemente de lo que hagas, si tienes problemas de salud, aún con más motivo tienes que elevar tu energía al cielo, es la que puede regenerar el mal que te acusa; si tu angustia viene del trabajo que desempeñas, y realmente pensar en tu labor diaria te estremece o te quita la alegría, ya es hora de que seas valiente y salgas de ahí; si tiene que ver con tus relaciones, toma decisiones adecuadas, lo que tienes es lo que toleras, recuerda… siempre es tu decisión y es la mayor libertad que posees por derecho de nacimiento.

Decide disfrutar tu día, sonríe y vive, total, solo existe el hoy, pues el mañana es incierto.

¿Crees que tus problemas estarán solucionados enfadándote o entristeciéndote?

Al contrario, esa energía de vibración tan baja solo los agravará, si quieres ser resolutivo, tienes que cambiar la actitud.

A partir de ahora, tu frase preferida debe de ser: "¡Cómo me divierto!".

> Date cuenta de que el mañana es incierto, hagas lo que hagas hoy, decide divertirte, sonríe y resuelve tus problemas con energía elevada y actitud positiva.
>
> Laura Casado

43.

AMANDO CADA CÉLULA

"Un hombre sin cultura es como una cebra sin rayas".
Proverbio masái

Para comandar tu gran organismo es necesario que te conozcas bien. Entender cómo es tu funcionamiento interior y de qué forma lo ayudas a trabajar correctamente. Al igual que cualquier comandante, tú diriges y es responsabilidad tuya mantener a tu equipo en buenas condiciones.

De una manera reducida, pero con visión global, te lo explico, seguro que muchas cosas las estudiaste en el colegio, pero no les prestaste la atención adecuada, aún no sabías la importancia que tenían.

Estás constituido por células que componen cada parte de tu cuerpo, estas forman distintos órganos, huesos, músculos, arterias, venas, nervios... son billones de células con un micromundo en su interior.

En tu micromundo celular existen diferentes ocupaciones, unas se dedican a fabricar, otras a eliminar desechos, a proteger, a transportar, enviar información... te lo explicaré en terminología más científica, es muy interesante.

El cuerpo tiene tres niveles de organización: las células constituyen tejidos, los tejidos constituyen órganos y los órganos, sistemas de órganos.

En un cuerpo de un hombre joven, de unos 70 kg y 170 cm de estatura, hay aproximadamente 30 billones de células, las cifras en la mujer son similares.

¿No te parece alucinante 30 billones de células comandadas por ti?

Tú te encargas de abastecerlas del alimento necesario, agua y oxígeno, entre muchísimas más cosas. Por tanto, el que se encuentren más saludables o menos, que trabajen mejor o peor, que se enfermen o no, es tu responsabilidad.

Te sigo contando más acerca de tu interior...

Los tejidos se componen de cuatro tipos:
- Tejido epitelial.
- Tejido conectivo.
- Tejido muscular.
- Tejido nervioso.

Estos tejidos componen los principales sistemas de órganos del cuerpo humano:
- Sistema cardiovascular.
- Sistema linfático.
- Digestivo.
- Endocrino.
- Tegumentario.
- Muscular.
- Nervioso.

- Reproductivo.
- Respiratorio.
- Esquelético.
- Urinario.
- Inmunitario.

Todos tus sistemas de órganos están compuestos hasta de los cuatro tipos de tejidos, y cada uno con sus células correspondientes:

- Células epiteliales: son un tipo de células que recubren la superficie del cuerpo. Están en la piel, los vasos sanguíneos, el tracto urinario y los órganos, su misión es ayudar a proteger los órganos.

- Células óseas: componen los huesos, las principales se llaman osteoblastos, son las responsables de la formación de tejido óseo nuevo, también están los osteoclastos encargados de reabsorber o eliminar la materia ósea.

- Células nerviosas: son las neuronas, células de comunicación, son la medida básica de comunicación del sistema nervioso.

- Células musculares: son células contráctiles llamadas miocitos. Son especializadas en generar movimiento, el combustible que utilizan es el ATP (energía química).

- Células sanguíneas: son llamadas hematocitos, están los glóbulos rojos (eritrocitos), encargados del transporte de oxígeno y recogida de dióxido de carbono; los glóbulos blancos (leucocitos), son células del sistema inmunológico, son defensoras, se encargan de luchar contra enfermedades infecciosas o materiales extraños; y las plaquetas (trombocitos) son una fuente natural de factores de crecimiento, encargadas de la coagulación de la sangre, liberan fibras similares a los hilos y así sellan heridas. Se producen en la medula ósea, que es el tejido blanco graso que se encuentra en las cavidades de los huesos.

¡No te parece alucinante la cantidad de trabajadores incansables que hay dentro de ti!

Existe todo tipo de empleos, hasta están las tejedoras con sus hilos sellando rotos, *ja ja ja*.

Todas tus células son alimentadas a través del líquido extracelular. Las células obtienen oxígeno y nutrientes de este líquido, y liberan producto de desecho en él. El componente principal es el fluido intersticial y los componentes más pequeños son plasma sanguíneo, linfa y líquido cefalorraquídeo.

El plasma sanguíneo realiza la entrega de nutrientes y la linfa retira los desechos, ¿te das cuenta de qué perfección de sistema?

Todas tus células del cuerpo se bañan en este fluido. Es importante mantener un PH correcto en este líquido, para que no enfermen y se bañen en un medio sano.

Eres tan extenso e interesante, que esto es solo una milésima parte de información de todo tu sistema.

Cuando conoces un poquito mejor tu interior físico, te haces consciente de la magnitud de la nave que pilotas.

Todos estos grandes sistemas dependen única y exclusivamente de ti. Reciben el alimento, el agua y los impulsos nerviosos que tú les das.

CUÍDATE, ERES OBRA DE ARTE

Con todo el trabajo que tus células realizan por ti...
¿Qué estás tú dispuesto a hacer por ellas?
¡Ámalas y cuídalas!

> Tienes un sistema interior maravilloso, unas células que trabajan incansablemente por ti, es tu responsabilidad cuidar de tu equipo y facilitarle el alimento, la hidratación y los mensajes positivos que necesitan.
>
> Laura Casado

44.

TIENES EL CONTROL

*"El poder es comparable con un huevo:
si lo aprietas demasiado fuerte, se rompe entre
las manos; si no lo sujetas con suficiente firmeza, se te
puede caer de la mano y romperse también.
Hay que ejercer el poder sin excesiva severidad,
ni excesiva permisividad.
Es una imagen profunda que compara el poder con algo tan
precioso como el huevo, que contiene un germen: la vida.
Y efectivamente, quien tiene el poder, tiene
en sus manos la vida de las gentes".*

Joseph Ki-Zerbo

Posees un gran poder en tu interior, capaz de crear lo que te propongas con el enfoque y el tiempo adecuado.

Tienes que dirigirlo correctamente, pues el poder puede servir para construir grandes cosas para ti y para los demás, o destruirte y destruir también a los demás.

El ser conocedor de esto te da el control sobre tu vida, sabes que todo sucede según la programación de tu mente, y salir del error de vivir esperando con miedo lo que tiene que llegarte. Pues si te enfocas desde ahí y esperas cosas negativas desde el miedo, también les estás dando atención y tiempo, que es igual a dedicarle energía. Será normal que esto sea lo que recibas, pero si, por el contrario, te enfocas en esperar cosas positivas, valorar, agradecer las que tienes y programarte para ser y hacer lo que realmente quieres, es muy normal que eso sea lo que obtengas. Pues la energía responde a tu tipo de ondas vibratorias.

Ha llegado el momento de vivir correctamente desde la verdad y sin miedo, honrando a tu creador, cuidándote y haciendo las cosas bien.

Tienes el control de tu vida, ¿qué decides hacer con ella?

Si quieres estar más saludable, empieza cuidando todos tus cuerpos, el energético, el emocional y el físico.

Si quieres tener más amor, empieza a darlo y en breve lo recibirás.

Si quieres mejor economía, pues focalízate en ella, no en lo que no tienes, sino en lo que quieres tener. Trabaja y esfuérzate para ello, gestiona mejor tus finanzas y verás cómo pronto empezarán a aparecer los frutos de tu enfoque y constancia.

> Tienes el control de tu vida, es el mayor poder que te otorgaron.
>
> Decide correctamente cómo quieres vivirla y enfócate con constancia en lo que quieras conseguir.
>
> LAURA CASADO

45.

¿YA DESPERTASTE?

"El herrero y sus herramientas se unen para trabajar el hierro, el hombre se une a la mujer para engendrar al hijo, el agua del cielo y la tierra se unen para producir los seres, y los dos pies se alternan para crear la marcha".

Amadou Hampâté Bâ

Hoy en día hay un gran movimiento a favor de las buenas relaciones humanas, el crecimiento interior y las prácticas saludables, necesitamos reencontrarnos con nuestra humanidad.

Esto me llena de satisfacción, pues es el camino que necesitamos para combatir el mal, la mentalidad destructiva de posesión y ego elevado que existe en el mundo.

Es mi mayor deseo que te ames, cuides y valores de forma genuina, sin máscaras ni personajes inventados para cubrir unas debilidades que, sin duda, forman parte de nuestra especie humana y que padecemos todos.

Amar el ser tan auténtico que eres, tan único, capaz de construir maravillas y con capacidades increíbles. Solo así estaremos preparados para ayudarnos de verdad unos a otros, sin sentirnos menos merecedores o envidiar lo que otros son, porque sabes que eres único y no existe imitación posible.

Es necesario que empieces a aplicar todo lo que lees, pues, sin llevarlo a la práctica, nada de lo que te explico te servirá.

¿Quieres seguir viviendo sin sentido y dejándote llevar? ¿O decides vivir despierto, encontrando tu propósito y felicidad?

Tienes que decidir, pues el mantenerte al margen no es posible, el no hacer también forma parte de tu decisión, es simple: o haces por tu vida o no haces.

Todo tiene sus consecuencias, todo trabajo tiene su recompensa y viceversa.

Ya tienes unos conocimientos más amplios de quién eres, el sistema tan increíble que tienes y el poder de dirigirlo correctamente.

Es el momento de crear la vida que te mereces y hacer lo necesario para vivirla correctamente.

Da igual tu edad actual, si estás leyendo estas páginas es porque aún tienes tiempo, exactamente cuánto no lo sabes, pero hasta el niño que acaba de nacer tiene una esperanza de vida incierta.

Es pura lógica y sentido común, si quieres optar por vivir los años que te toquen con mejor calidad física, mental o emocional; o malgastarlos viviendo una vida de penurias, críticas y quejas... dejándote influir por todo lo que opinen los demás.

Es tu decisión, diriges tu vida correctamente o no.

Cuando adquieres los conocimientos, está en tu mano tu salud física, mental y emocional.

Laura Casado

46.

EMOCIONANTE

"Estamos siempre en el inicio de las cosas, en el instante frágil que contiene la potencia de la vida. Estamos siempre en la mañana del mundo".

François Cheng

¿Te sientes entusiasmado?

Te aseguro que el esfuerzo que hoy realices para cambiar cualquier parte de tu vida en la que no te sientas bien, ir tras tus sueños o mejorar aquellas áreas de tu vida que lo requieran, te merecerá la pena multiplicado por mil.

Sentir una paz profunda y sentirte orgulloso de ti mismo es una de las experiencias más bonitas que podrás experimentar.

Sé valiente, enfréntate a tus miedos, persigue aquello que siempre soñaste y ten clara tu visión. Es cuestión de tiempo y perseverancia.

Emocionante es una vida llena de obstáculos que superar, vivencias que experimentar, buenas y malas, sabiendo que formas parte de un juego con reglas basado en el aprendizaje y evolución humana.

Teniendo esta visión amplia, te será mucho más fácil enfrentar cualquier situación de tu vida.

Una de las cualidades más bonitas del ser humano es su capacidad por generar una emoción o sentimiento ante cualquier situación, y más aún la capacidad de gestionar y decidir qué tipo de emociones quiere experimentar.

Tú decides en todo momento qué tipo de emociones generas, cuál permites que te afecte, cómo decides tomarte la vida y cómo encajas cualquier comentario de los demás.

Cada vez que se te presente un reto, debes decirte: "EMOCIONANTE". No sabes aún qué pasará, pero eso es lo intrigante, ir a por todas, tomar tus decisiones y disfrutar el momento.

Debes hacer un estudio analítico de la situación que se te presenta, obtener posibles soluciones y decidir cuál es más viable. Ir sin dudas a por ella es lo mejor que puedes hacer, si es una situación difícil o complicada, superarla lo antes posible e iniciar tu plan de mejora será vital en la conquista de este reto.

Da igual a qué refieras, en la salud, ante un reto como podría ser una enfermedad, debes utilizar tu mente más analítica, buscar posibles soluciones y quedarte con la que más sentido común y lógica tenga para ti, sin dejar que entre en el juego tu parte más emotiva o el miedo. Recuerda, el sentirte víctima de la vida o dejar que el miedo se apodere de ti es debilitarte, en ninguno de los dos casos ganas la partida.

Tienes un vehículo que a veces resulta con alguna tara o se avería, debemos arreglarnos lo antes posible y encontrar la forma más adecuada. Con el miedo o el victimismo, lo único que conseguirás será paralizar la resolución del problema que te aqueje.

En cuestiones del amor o la economía, de igual forma tienes que proceder. Analiza tu situación, encuentra las soluciones más positivas para solventar el problema, traza tu plan y ve a por ello.

Cuanto antes lo enfrentes con la actitud adecuada, mejor resolución podrás encontrar. El mayor activo que posees es el tiempo, pues no lo pierdas, sé ágil, rápido, veloz, en una palabra: RESOLUTIVO.

Así que, ante cualquier reto, ármate con dos poderes:

PODER CONTROLADOR DE EMOCIÓN + PODER RESOLUTIVO.

> Ampliar la forma de visualizar un reto que se te presenta es sacar tu mente más analítica, y utilizar tus poderes de control de emoción y resolución frente al obstáculo que tienes que saltar.
>
> Laura Casado

47.

BOMBONAZO

"¿Acaso sueño que sueño?".
Chuang Tse

¡¡OUHHHHH YEAHHHH!!

¿Te sientes un *bombonazo* por dentro y por fuera?

¡Esa es la actitud!

¿Desprendes dulzura y dejas buen sabor de boca por donde pasas?

En caso afirmativo, sin duda, estás en el camino correcto, quiere decir que estás haciendo las cosas muy bien para ti y para los demás.

Si aún no estás en ese punto, aún no te has mirado en el espejo y te lo has dicho, no te desanimes, estás muy cerca.

Cuando consigues amarte de verdad, el cuidarte y verte como un *bombonazo* vienen unidos.

Amarte de verdad, algo que puedes decir a la ligera, pero que entraña una gran complejidad. No se trata de quererlo aparentar, sino de sentirlo.

No es algo para los demás, es algo que experimentas para ti mismo y, como de una onda expansiva se tratara, consigues beneficiar a las personas que te rodean. Es supergratificante y te llena de dicha sentirte completo y pleno contigo mismo, sabes que todo el esfuerzo para llegar ahí mereció la pena.

Te sientes el superhéroe de tu historia, experimentas la sensación de control en tu vida, sabes que puedes conseguir lo que te propongas y, a la vez, ayudar a los demás con ello.

Ayudas simplemente con ser ejemplo de superación para otros y confirmarles que sí se puede, que es lo natural ser feliz y amarse genuinamente.

Claro que no es fácil, pero se puede llegar ahí, la mayoría de personas sigue viviendo en un mundo de pensamientos negativos, de envidia y celos.

No se han dado cuenta aún de que cualquier persona feliz que ven en la calle, que irradia luz, seguridad y dulzura a los demás, no fue por ser una persona afortunada al nacer y que se le dieran atributos especiales que al resto no se le dieron, o una vida sin retos y con todo de color de rosa.

¡Nada de eso!

Hay que despertar de la ignorancia, es simplemente una persona de la que se puede aprender y hay que admirar, pues lo único diferente que posee es el entendimiento de la verdad de lo que somos, se esfuerza cada día por amarse, superar sus miedos e inseguridades, y tomó una decisión distinta al resto que vive amargándose por todo lo que le acontece, tomó su absoluta decisión de amarse, cuidarse y ser feliz, pese a todo, gracias a todo.

CUÍDATE, ERES OBRA DE ARTE

Es mi deseo que seas ese tipo de persona segura de sí misma, con una decisión firme, en conclusión, seas un

¡BOMBONAZO!

> Cuando te amas verdaderamente, te cuidas y eres feliz, has llegado al punto correcto donde te sientes un bombonazo por dentro y por fuera.
>
> Aquí empieza la verdad de quién eres.
>
> Laura Casado

48.

SIN FRENOS

"Si eres dueño de tu cuerpo, de tu palabra y de tu espíritu, gozarás de una total serenidad".

Shabkar

Libertad, qué palabra tan placentera. Hace volar tu imaginación, imaginarte con alas preciosas que puedes desplegar para dirigirte a todos los lugares que una vez soñaste ir.

Qué ironía, sentirte libre cuando te imaginas con alas, porque en realidad crees que te encuentras prisionero. Nunca estuviste en ese modo, tu mente, tu alma y su ser energético siempre han estado y estarán libres.

Nadie tiene el poder de controlar esto, tienes libre albedrío y las limitaciones están marcadas en tu mente en forma de creencias inculcadas.

Tu cuerpo físico solamente es el vehículo que te transporta para vivir experiencias terrenales, y aun estando prisionero, nunca dejarías de ser un ser libre.

Una de las mayores limitaciones que puedes tener son tus propios miedos a realizarte libremente. Cuando consigues enfrentarlos y controlarlos, nada te puede detener.

Tienes el derecho y el deber de utilizar tus poderes para el bien que estás creado. Te dieron la capacidad de crear la realidad que vives, aunque sea doloroso aceptar este hecho, es muy necesario para liberarte de tus propias cadenas y volar libre conociendo la verdad.

Atraes a tu vida justo la misma onda expansiva que generas a través de tus emociones.

Puedes ser una persona de corazón noble y amoroso, pero si en tu mente albergas pensamientos diarios de no ser lo suficiente, de que la vida está en contra de ti, o que no eres una persona afortunada, esto se convertirá en tu realidad diaria.

Sal de ahí, empieza por trabajarte y cambiar estos pensamientos tan nocivos: en el próximo libro de la trilogía, *Vive, es un regalo apasionante*, encontrarás la guía para profundizar en tus pensamientos y conseguir dominar las emociones que emites, para poder crear la vida que realmente te mereces vivir.

Respóndete sinceramente:

¿Quién te impide tomar la decisión de ser feliz?

¿Quién te impide cuidarte?

¿Quién te impide amarte?

Sin limitaciones propias, con firmes decisiones y un cuerpo sano, vivirás sin frenos y a todo gas.

Cuando te des cuenta de que no tienes frenos, vivirás la vida como mereces, intensamente y a todo gas.

¡Los límites los pones tú!

Laura Casado

Cuando te des cuenta de que no tienes frenos, vivirás la vida como mereces, intensamente y a todo gas.

¡Los límites los pones tú!

Laura Casado

49.

ELIGES LA LUZ

"Gracias al verbo, el hombre recibe la fuerza vital, hace partícipe de ella a otros seres y alcanza de este modo el sentido de la vida".

Tradición dogón

A lo largo de mi carrera profesional he tenido muchas vivencias, he podido experimentar la gran felicidad y emoción que se siente cuando haces lo que amas y, con ello, ayudas a los demás a sentirse bien.

Cuando pruebas la sensación tan placentera y la recompensa que obtienes haciendo el bien, jamás vuelves, ni por un asomo, a vivir desde el mal.

Existen dos caminos muy determinados en la vida de cualquier ser humano, el de la luz y el de la oscuridad.

Es cierto que cuando no se es consciente, dependiendo del entorno que te rodea o de las enseñanzas que recibes del exterior, vas condicionando y dirigiendo tu vida hacia un camino u otro.

Las faltas de amor, principalmente, marcan la vida de cualquier persona, sin darse cuenta van entrando en un sistema de supervivencia y se convierten en personas rígidas y frías, donde el objetivo es anular los sentimientos que les llevan a verse con fragilidad o debilidad.

Pueden llegar a cometer grandes atrocidades para ellos o la humanidad, y todo ha sido por la falta de amor o de valores que no percibieron. No quiero con esto justificar, para nada, a personas que cometen actos fatales con los demás, pero sí permitir el entendimiento.

Por supuesto que siempre es tu decisión elegir el camino del bien o del mal, existen grandes ejemplos a lo largo de la historia que nos demuestran que, aún sin recibir el amor necesario, deciden construir grandes vidas y evitar que otros padezcan lo que ellos padecieron.

Me impacta bastante la historia de Louise Hay, ha sido una escritora y oradora estadounidense, considerada una de las figuras más representativas del movimiento del nuevo pensamiento, con bastantes libros escritos donde explica que la mayoría de enfermedades son debidas al sistema emocional, enfermedades llamadas psicosomáticas, consiguiendo obtener superventas con sus libros y formaciones. Fundó un instituto de enseñanza y una fundación para ayudar a cuidarse y sanarse a uno mismo, con terapias alternativas.

Tuvo una vida dura, nació en California en 1926, sus padres se separaron cuando solo tenía un año, se quedó a cargo de una familia amiga de su madre, porque esta tenía que trabajar como empleada doméstica; después la madre se volvió a casar y tuvo otra hija, su vida estuvo marcada por la inestabilidad económica y los abusos físicos. Cuando cumplió 5 años de edad, fue violada por un vecino alcohólico, al que se le condenó a 15 años de prisión. Con 10 años, su padrastro comenzó a maltratarla y agredirla sexualmente, unos años después huyó de casa y comenzó a trabajar como camarera; reconoce que se entregaba sexualmente a aquel que le diera un poco de cariño, motivo por el cual quedó embarazada con 16 años de edad.

Dio en adopción a su bebé a una pareja sin hijos, ya que no podía hacerse cargo de él, posteriormente trabajó de asistente doméstica hasta que consiguió trabajar como modelo de alta costura.

En 1954 se casó con Andrew Hay, un empresario inglés, el que sería su marido por 14 años: un hombre caballeroso que la ayudó a sobreponerse, hasta que la dejó por otra, su autoestima cayó por el suelo. Logró sobreponerse dedicándose al mundo espiritual y prestando ayuda a los demás.

Profundizó en estudios sobre el poder de la mente y en la capacidad que tenemos de crear nuestra realidad, a través del pensamiento. Conocimientos que utilizó posteriormente para hacerse embajadora de esas nuevas formas de pensar, sobre sanarse a uno mismo a través de los pensamientos positivos y de la aceptación de uno mismo.

Posteriormente padeció un cáncer que parecía ser terminal, que superó sin tratamientos médicos, pues defendía que cualquier cáncer viene originado por una falta de aceptación hacia uno mismo y una rabia inmensa, que generaba un veneno contra ella misma. Buscó terapeutas y alternativas naturales que le ayudaran en la sanación a todos los niveles.

Un conjunto de circunstancias muy desfavorables que la llevaron a vivir unas experiencias traumáticas, la hizo enfermar. Tras su recuperación, se dedicó a difundir las enseñanzas obtenidas, para ayudar a otros a superarlas.

¿No te parece estremecedora su historia y la capacidad de superación y aprendizaje que llegamos a tener?

Esto es un gran ejemplo que te indica el poder tan inmenso que reside dentro de ti y que, aunque con una vida llena de experiencias horribles, puedes escoger vivir en el camino de la luz y el bien, para sanarte a ti mismo y ayudar a los demás a encontrar la felicidad interior.

> Tienes dos opciones, vivir en el mal y la oscuridad, o vivir en un camino de luz y bondad.
>
> Aceptar tu pasado y aprender de él para impulsarte a ser quién quieres ser, o vivir compadeciéndote y destruyendo tu interior.
>
> Tú lo decides todo.
>
> Laura Casado

50.

VIVIENDO A TU MANERA

"Liberado de la rigidez de los conceptos, el mundo se vuelve transparente y se ilumina, como alumbrado desde el interior. Cuando se comprende esto, la interdependencia de todo lo que vive se convierte en una evidencia. Vemos que nada está paralizado o separado del resto, y que estamos en ósmosis con la sustancia misma de la vida. De este sentimiento de unión surgen el amor y la compasión".

Sharon Salzberg

Eres libre y tienes el poder de decidir el tipo de vida y camino que quieres tomar, pero recuerda que, a su vez, eres responsable 100 % del cuerpo que diriges.

Te entregaron, al nacer en la tierra, un cuerpo que te servirá de vehículo hasta el fin de tu vida materializada, no eres dueño, pero sí arrendador y responsable de él.

Sean cuales sean las cualidades o adjetivos que te definan física y emocionalmente, eres increíblemente bello y especial. Mírate al espejo con orgullo, pues eres una creación increíble, llena de poder para diseñar la vida que quieres tener.

En este momento debes decirte la verdad y hacerte una promesa irrevocable:

"¡Me amo, me respeto, prometo cuidarme, darme el cariño y atenciones que merezco!".

A partir de ahora, se queda atrás cualquier versión errónea en la que estuvieras viviendo, tus miedos a no ser aceptado por los demás, inseguridades de no ser lo suficiente, o demás basura mental que te has estado repitiendo.

Ahora comienza tu nueva versión, porque te has hecho consciente de la verdad de quién eres, todo cambia dentro de ti, adquieres nuevos conocimientos y puedes ver con más claridad.

Camina erguido, sin temor, siéntete orgulloso de quién eres, habla sin miedo, tienes el derecho a expresarte como cualquier otro ser humano y, por Dios, **¡cuídate!** No tienes más que el vehículo que te entregaron para vivir esta experiencia de evolución y crecimiento humano.

Acepta la vida tal y como es, con el bien y el mal.

Sé valiente para decidir qué es lo que más te conviene, y aprende a decir sí o no cuando la situación lo requiera.

Libérate de tristezas, melancolías y apegos del pasado, todo tiene su ciclo y, cuando este termina, empieza una nueva página en blanco, deseosa de que la completes con tus nuevas vivencias y experiencias maravillosas.

Es tu momento, comienza tu nuevo *planning* de vida con los hábitos correctos que te llevarán a vivir una vida plena.

Realmente, todas estas páginas las he escrito desde el corazón, con el propósito de ayudarte, y el amor más genuino hacia ti, mi querido lector. Mi gratificación será verte realizado y feliz.

Para cambiar una vida de hábitos erróneos tendrás que esforzarte y reprogramar tu mente hacia un nuevo horizonte. En este proceso se requiere aprender a controlar y seleccionar los pensamientos que generas. Es un entrenamiento diario, pero cuando lo consigas realmente, serás libre para decidir la vida que deseas.

En el próximo libro de la trilogía, *Vive, es un regalo apasionante*, quiero ayudarte justo en esta área. Ahora que sabes mucho más sobre ti y las formas de cuidarte el cuerpo físico y energético, vayamos a conocer acerca de tu mente, los pensamientos y emociones, que son la clave para poder llevar a cabo tu transformación hacia una persona renovada y feliz.

¿Estás listo?

¿Quieres vivir de forma apasionante?

¿Con ilusión y entusiasmo?

Vayamos a por ello...

Eres libre para decidir cómo quieres vivir, elige bien, es tu responsabilidad cuidarte adecuadamente.

Ámate mucho, cuídate con esmero y vive feliz.

Laura Casado

Con inmensas ganas de continuar en un maravilloso viaje hacia tu mente, te espero en el siguiente libro: *Vive, es un regalo apasionante...*

Laura Casado

Quiero agradecerte a ti, mi querido lector, que hayas confiado en mí y dedicado una parte de tu valioso tiempo en leer este libro.

Espero realmente haberte podido ayudar a conocerte mejor, a cuidarte y a implementar nuevos hábitos más saludables en tu vida.

Si te ha inspirado o te ha servido, me encantará saberlo, puedes escribirme a mi email **lauracasado.oficial@gmail.com** o enviarme tu mensaje o foto con el libro por Instagram o Facebook, contándome tu experiencia y cómo te he ayudado. ☺

Mil gracias,

con mucho amor de una mera aprendiz de la vida...

LAURA CASADO

AGRADECIMIENTOS

Mi agradecimiento más profundo a mi Creador, por esta oportunidad de vida, a mi familia, infinito, a las amistades que se convierten en familia, y a todos los maestros que desde niña tuve en mi camino y me enseñaron tantas cosas valiosas para mi evolución.

Os Amo,

mil gracias,

Laura Casado

LAÍN GARCÍA CALVO

Quiero hacer un agradecimiento muy especial a mi mentor por tanto, cómo ha hecho por mí desde que lo conocí a través de sus libros, eventos y, más adelante, con su mentoría.

Desde pequeña he leído y aprendido de muchos, pero nunca de alguien como él, es un ser humano espectacular, lleno de vida y energía, que inspira y enseña desde el corazón.

Posee una gran sabiduría y un gran crecimiento interior, que no duda en compartir a corazón descubierto.

Me ha enseñado, de manera organizada y muy clara, las leyes metafísicas y cuánticas; en varios libros las leí, pero nunca tan bien explicadas y de forma tan entendible.

Tiene el equilibrio perfecto que siempre necesité para aprender las cosas, ese lado lógico y científico unido con una maravillosa parte espiritual.

Gracias a él lo entendí todo muy rápido, resolví muchas incógnitas que tenía y me inspiré de su fortaleza emocional.

Pero lo que aún me sigue fascinando es la capacidad de mostrar confianza absoluta por las personas en las que cree, ir sin coraza, como si de un niño en el fondo se tratase, inocente que cree y confía en que existen buenos seres humanos.

Sin duda, un ejemplo a seguir, pues me ha conectado con la parte más auténtica que vive en mí.

Si realmente quieres darles respuesta a muchas cosas que aún no se la encuentras, aprender cómo funcionan las leyes universales y generar grandes abundancias de salud, dinero y amor; te recomiendo leer su saga, *LA VOZ DE TU ALMA*, cada uno de sus libros está lleno de sabiduría, claridad y verdad.

Para ti, amado Lain,

mil gracias por formar parte de mi vida.

LAURA CASADO

SÍGUEME EN MIS REDES SOCIALES

 Laura Casado oficial

 lauracasadooficial

 Laura Casado Oficial

 www.lauracasado.es/net

 lauracasado.oficial@gmail.com

www.ingramcontent.com/pod-product-compliance
Lightning Source LLC
Chambersburg PA
CBHW031311150426
43191CB00005B/180